DU RÉGIME

DES

EAUX DU GARDON

PAR

M. ALFRED GARDIES

MEMBRE DU CONSEIL GÉNÉRAL DU GARD

NIMES

TYPOGRAPHIE CLAVEL-BALLIVET ET Cie

12, rue Pradier, 12.

1868

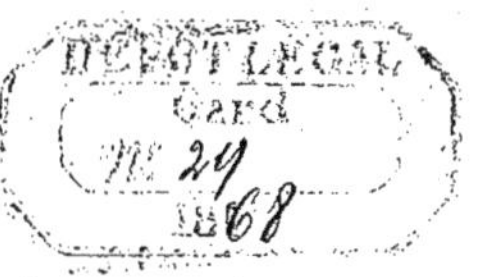

DU RÉGIME

DES

EAUX DU GARDON

PAR

M. ALFRED GARDIES

MEMBRE DU CONSEIL GÉNÉRAL DU GARD

NIMES

TYPOGRAPHIE CLAVEL-BALLIVET ET Cie

12, rue Pradier, 12

1868

DU RÉGIME

DES

EAUX DU GARDON

De toutes les questions qui s'agitent autour de nous, la plus importante est celle du régime de nos cours d'eau. Il n'en est pas qui s'impose plus impérieusement aux méditations des hommes préoccupés des grands intérêts de notre département, et qui exige une solution plus immédiate.

Entièrement agricole en apparence, cette question touche cependant au perfectionnement des voies vicinales, dont la direction, à défaut de pont, est souvent abandonnée au hasard, dans la traversée de nos rivières; elle touche également au développement de nos usines, alimentées d'une manière insuffisante à l'étiage; elle ne saurait être non plus étrangère à une meilleure assiette de l'impôt, dont on a dû affranchir une grande partie des terrains riverains, la conservation de ces terrains n'étant jamais, au lendemain d'une crue, assurée au propriétaire de la veille. D'une manière plus générale, elle intéresse à la fois la production et la consommation, en vertu de cet adage agricole, que les progrès du temps rendent de plus en plus vrai : — « *Qui a du foin a de la viande et du pain.* »

Dans ces dernières années, des promesses ont été faites en vue d'améliorer le régime de nos cours d'eau ; malheureusement les mesures adoptées n'ont pas donné de résultats bien efficaces. On a fait naître ainsi des espérances qui ne se sont pas réalisées, et, il faut bien le reconnaître, il s'est opéré au sein de nos populations riveraines une sorte de déception.

Ce n'est pas que l'Empire n'ait beaucoup fait pour l'agriculture. On l'a vu créer des concours généraux et régionaux, ainsi que des primes d'honnneur. Un développement considérable a été imprimé à nos voies ferrées, et la vicinalité a été améliorée. De nombreuses lois ont réglementé les irrigations, les desséchements, le reboisement des montagnes, l'assainissement et la mise en valeur des communaux. Enfin des encouragements ont été donnés aux entreprises de drainage et aux institutions de crédit agricole.

La sollicitude du gouvernement ne saurait être suspectée dans la question dont s'agit. Il convient donc d'aborder sans hésitation l'étude des faits positifs qui intéressent à un si haut degré la mise en valeur et l'exploitation du sol de nos vallées ; il appartient aux agriculteurs, même les plus modestes, de s'interroger et de présenter à l'administration les renseignements que, mieux que personne, ils sont capables de donner.

L'administrateur éminent que la confiance de l'Empereur a placé à la tête de ce département, saura facilement dégager le côté utile et pratique des considérations que le sujet fera naître : son amour du bien public lui suggèrera les mesures propres à donner satisfaction aux intérêts compromis de nos populations.

Dans cette étude, à laquelle je vais me livrer comme

ouvrier de bonne volonté, j'ai surtout à cœur d'éviter tout reproche d'exagération et de parti pris : ma seule ambition consiste à remplir un devoir délicat et difficile, mais impérieux.

I — HISTORIQUE DE LA LÉGISLATION

Les renseignements statistiques sur le cours du Gardon sont contenus dans un rapport dressé, à la date du 31 août 1846, par MM. Ballon et Dombre, faisant fonction d'ingénieurs ordinaires, sous la direction de M. l'ingénieur en chef Vinard.

En voici un extrait :

« La superficie totale du bassin du Gardon est de 2,100 ki-
» lomètres carrés, et la longueur de son cours de 117 kilomè-
» tres, en suivant le Gardon d'Alais, et de 127 kilomètres,
» en suivant le Gardon d'Anduze.

» A partir des villes d'Anduze et d'Alais, les vallées s'élar-
» gissent graduellement, et la vallée principale, au dessous
» du confluent des deux branches, a jusqu'à 2 et même 3 ki-
» lomètres de largeur entre les pieds des coteaux. Le sol de
» ces vallées est à une hauteur moyenne de 2 à 3 mètres au
» dessus des basses eaux de la rivière, et est submergé par les
» crues ordinaires au moins tous les deux ou trois ans.

» Le terrain formé par les créments et dépôts successifs du
» Gardon est excessivement fertile. Il est, en général, en
» prairies naturelles..... Malheureusement, ce terrain, com-
» posé de limon et de sable très fin et peu tenace, est extrê-

» mement léger; aussi les bords en sont-ils attaqués avec une » facilité et une rapidité inouïes. Le lit de la rivière n'ayant » aucune fixité, aucune permanence, par suite de la couche » épaisse de gravier dont il est formé, elle divague, se porte » d'un côté de la vallée à l'autre, en dévastant les magnifi- » fiques terrains qu'elle avait créés elle-même, quelques an- » nées auparavant, et en s'ouvrant au milieu d'eux un lit de » 300 à 400 mètres de largeur, c'est-à-dire une immense » plage de gravier, au milieu de laquelle coule, en temps or- » dinaire, un mince filet d'eau.

» Ces divagations de la rivière, si préjudiciables aux pro- » priétés riveraines, sont produites en général, ou du moins » favorisées, par l'ambition de certains propriétaires, d'accroî- » tre leur héritage par voie d'alluvion et par l'imprévoyance » ou l'impuissance de ceux du bord opposé.

» C'est une guerre permanente entre les propriétaires des » deux bords, et on ne peut se faire que difficilement une » idée de l'anarchie et du désordre qui règnent à cet égard » dans ce pays.

» La propriété foncière n'y jouit pas, pour ainsi dire, de » la stabilité et de la fixité qui en font partout ailleurs les ca- » ractères essentiels, et on est affligé du désolant spectacle » que présentent ces luttes, dont le résultat est heureux pour » les uns, malheureux pour les autres, mais sans avantage » pour le pays, puisqu'une conquête sur l'un des bords en- » traîne une perte sur l'autre.

» On ne peut évidemment laisser plus longtemps les cho- » ses dans ce déplorable état; il y a là un mal profond, au- » quel on doit sans retard porter remède. »

Le régime du Gardon réclamait évidemment l'action de l'autorité administrative. Elle seule pouvait intervenir efficacement par voie de réglement d'administration publique rendu dans les formes voulues, les tribunaux restant chargés de les faire observer.

Cette manière de procéder résulte de la loi du 20 août 1790, qui substitue l'administration aux droits des seigneurs, chargés, dans la féodalité, de la police des cours d'eau non navigables ni flottables.

Avant la Révolution, quelques arrêts du Conseil du roi (1743, 1767) avaient réglementé l'alignement du Gardon, en amont de la ville d'Alais; mais ces arrêts ne constituaient que de simples mesures incidentes, ne se rattachant à aucun plan d'ensemble.

Sous le premier Empire, une circulaire ministérielle du 14 janvier 1809 et un arrêté préfectoral du 5 mars 1812, prescrivirent, pour l'endiguement du Gardon, l'exécution de dispositions générales, et notamment l'obligation, pour les riverains, de planter des oseraies sur le bord de leurs propriétés.

Mais l'Empereur, dont la sollicitude, au milieu des grands événements de l'époque, s'étendait cependant aux moindres détails, arrêta un instant sa pensée sur le régime de notre torrent: un décret impérial, daté de Moscou, le 13 octobre 1812, ordonna l'endiguement du Gardon.

Nous reproduisons ce décret *in extenso* :

Quartier général de Moscou, le 13 octobre 1812.

Napoléon, empereur des Français, roi d'Italie et protecteur de la Confédération du Rhin, médiateur de la Confédération suisse, etc., etc.,

Sur le rapport de notre Ministre de l'intérieur,

Vu l'article 33 de la loi du 16 septembre 1807, portant que la dépense pour la construction des digues contre les fleuves, rivières, etc., sera supportée par les propriétaires protégés, dans la proportion de leur intérêt aux travaux, sauf le cas où le gouvernement croira utile et juste d'accorder des secours sur les fonds du Trésor public ;

Vu l'article 34 de la même loi, portant que l'intervention d'une commission spéciale sera appliquée à l'exécution de l'article précédent ;

Notre ministre d'Etat entendu,

Nous avons décrété et décrétons ce qui suit :

Article premier. — Il sera formé, tant pour l'exécution des travaux destinés à donner au lit des Gardons d'Alais et d'Anduze, depuis ces deux villes ou immédiatement au dessus jusqu'à l'embouchure du Gardon dans le Rhône, la largeur et la direction les plus convenables que pour le payement et la conservation de ces travaux, une commission spéciale.

Art. 2. — La commission se réunira, aussitôt la notification du présent décret, dans le lieu qui lui sera indiqué par le Préfet : elle nommera au scrutin son président et son secrétaire.

Art. 3. — La commission déterminera dans quelle proportion chacun des propriétaires devra contribuer à la dépense, à raison de la situation du terrain plus ou moins exposé aux ravages du torrent ; elle vérifiera l'exactitude des plans cadastraux, connaîtra de tout ce qui est relatif au classement des propriétés, de toutes les observations et réclamations auxquelles ce classement pourrait donner lieu ; elle proposera, en conséquence, le rôle de répartition des sommes nécessaires à la confection et à l'entretien des travaux, et elle y joindra ses propositions sur les moyens de *garantir constamment*, et avec le moins de frais possible, les propriétés riveraines des inondations du Gardon.

Elle statuera sur les indemnités à payer aux particuliers, à travers les propriétés desquels le lit du torrent sera dirigé, sur la plus-value résultant des bonifications et augmentations qu'auront obtenues les terrains et autres propriétés, par suite des travaux, et généralement sur tous les objets mentionnés en l'article 46 de la loi du 16 septembre 1807.

La commission ne pourra, dans aucun cas, juger les questions de propriété dont la connaissance appartient aux tribunaux, conformément à l'article 47 de la même loi.

Art. 4. — Le résultat des délibérations de la commission, sous le rapport de la répartition de la dépense entre les riverains, sera transmis à notre ministre de l'intérieur pour en faire l'objet d'un réglement d'administration publique, qui sera ultérieurement soumis à notre approbation.

Art. 5. — Attendu la possibilité du changement de régime des eaux du Gardon, le travail général de la commission spéciale sera révisé tous les trente ans et soumis de nouveau à l'homologation du gouvernement.

Art. 6. — Tous les frais occasionnés pour la réunion ou les opérations de la commission seront provisoirement acquittés sur les dépenses variables de la Préfecture, et remboursés ensuite sur les fonds affectés aux travaux.

Art. 7. — Notre Ministre de l'intérieur est chargé de l'exécution du présent décret.

Signé NAPOLÉON.

Par l'Empereur :

Le ministre secrétaire d'Etat, signé le Comte DARU.

Pour ampliation :

Le ministre de l'intérieur, Comte de l'Empire, signé MONTALIVET.

Pour copie conforme :

Le directeur général des ponts et chaussées, signé Comte MOLÉ.

Pour copie conforme :

Le secrétaire général, VIGNOLLES *signé.*

Telle est la teneur de ce décret, qui a fait naître bien des critiques, mais qui n'en reste pas moins le point de départ des mesures prises dans ces derniers temps, en vue de régler le régime du Gardon.

Malheureusement, la commission, qui fut nommée par un second décret impérial du 12 février 1813, n'a laissé aucune trace de ses travaux : les événements détournèrent de ce sujet l'attention publique.

La question reparut un moment à la suite des vœux du Conseil général du département, en 1821 et en 1822; elle fut l'objet d'une ordonnance royale du 25 septembre 1822, qui ne put aboutir. Elle ne fut reprise avec quelque succès qu'en 1845 : le rapport sus mentionné du 31 août 1846 détermina les bases du plan général d'alignement, ainsi qu'un projet de réglement d'administration publique pour les dépenses des bords du Gardon.

Un projet d'alignement fut, en conséquence, soumis aux formalités d'usage : enquêtes, etc. A la suite, un premier arrêté préfectoral, du 1er mars 1849, fixa les alignements du cours d'eau entre Anduze et Dions, et un second arrêté, à la date du 27 novembre 1851, fixa ceux de la partie comprise entre la ville d'Alais et le confluent des deux Gardons.

Nous reproduisons ces deux arrêtés préfectoraux :

Nous, Préfet du département du Gard,

Vu les plans et le projet de réglement d'administration publique, ensemble le rapport expositif de ce double travail, dressés par MM. les Ingénieurs des ponts et chaussées dans le département du Gard, pour l'alignement du Gardon et l'exécution des travaux de défense de ses rives entre le pont d'Anduze et le village de Dions, sur les territoires des communes d'Anduze, de Tornac, de Marsillargues-Atuech, de Boisset-et-Gaujac, de Lézan, de Cardet, de Ribaute, de Massannes, de Vézénobres, de Cassagnolles, de Ners, de Maruéjols-lès-Gardon, de Cruviers-Lascours, de Boucoiran, de Brignon, de Moussac, de Saint-Geniès-de-Malgoirès, de Sauzet, de Saint-Chaptes, de La Calmette et de Dions ;

Vu l'arrêté préfectoral du 31 décembre 1846, par lequel ce projet a été soumis à une enquête, dans les diverses communes sus désignées ;

Vu les registres de l'enquête dans chacune de ces communes, ensemble les déclarations qu'ils contiennent ou qui y sont annexées ;

Vu les délibérations des Conseils municipaux, tant sur ces déclarations que sur les projets qui y ont donné lieu ;

Vu les avis de MM. les Sous-Préfets d'Alais et d'Uzès ;

Vu le cahier d'observations de MM. les Ingénieurs, du 10 avril 1847, en réponse aux délibérations des Conseils municipaux et aux réclamations produites dans l'enquête, ces observations faisant connaître que, eu égard au résultat de l'enquête, MM. les Ingénieurs ont, sur divers points, modifié le tracé rouge pour l'alignement du Gardon, conformément aux lignes bleues ajoutées aux plans;

Vu ce tracé rectificatif;

Vu le procès-verbal des opérations de la commission particulière instituée par l'arrêté précité, pour donner son avis officieux sur les projets soumis à l'administration, et sur les réclamations que ces projets pourraient faire naître; ce procès-verbal, ouvert le 13 avril 1847, clôturé le lendemain et contenant une entière adhésion aux propositions de MM. les Ingénieurs avec les modifications qu'ils ont effectuées, ainsi qu'il est expliqué ci-dessus;

Vu l'avis émis par le Conseil général du département dans sa session de 1846, en faveur de l'opération dont il s'agit, et sa nouvelle délibération à ce sujet, dans la 2e session de 1848;

Vu les décisions ministérielles en date des 4 août et 25 septembre 1847 et 10 février 1848;

Vu enfin les lois des 22 décembre 1789, 20 août 1790, 14 floréal an XI et 16 septembre 1807, l'arrêté du gouvernement du 19 ventôse an VI, le décret impérial du 13 octobre 1812, l'arrêt de la Cour de cassation du 10 juin 1846 et les instructions ministérielles des 19 thermidor an VI et 16 novembre 1834;

Considérant que le lit du Gardon, dans la partie sus désignée, présente une largeur considérable et n'est guère qu'une plage en gravier inculte et stérile; que les propriétés riveraines sont exposées, lors des crues de cette rivière, à des dévastations considérables; que cet état des choses est nuisible aussi aux ouvrages du chemin de fer d'Alais à Beaucaire, de la route nationale no 110 et de la route départementale n° 23; qu'il importe donc de fixer la largeur nécessaire et l'alignement de cette rivière, afin de lui former successivemet et de lui maintenir des berges solides et régulières au moyen de travaux ou de plantations propres à atteindre ce but essentiel; que les propositions de MM. les Ingénieurs sont de nature à produire ce résultat et ont obtenu l'assentiment des intéressés et des fonctionnaires ou commissaires consultés dans l'enquête; qu'il convient toutefois de ne les adopter et exécuter qu'à titre d'essai, afin de mettre à profit, dans l'exécution, les facilités que les localités pourront offrir et les nouveaux moyens que l'expérience et la législation qui s'élaborent sur cette partie de l'administration viendraient à présenter par la suite ; que, par ces motifs, confirmés d'ailleurs par la décision ministérielle du 10 février 1848, l'approbation définitive des alignements par un décret spécial et l'organisation complète des syndicats semblent surtout susceptibles d'un ajournement temporaire ; qu'enfin, toutes les formalités prescrites pour parvenir à un premier et utile réglement du Gardon ont été exactement observées,

Arrêtons :

Article premier. — Les plans d'alignement dressés par les Ingénieurs des ponts et chaussées, le 31 août 1846, sont et demeurent approuvés avec les modifications indiquées sur ces plans par des lignes bleues.

Art. 2. — Ces alignements seront appliqués et arrêtés sur le terrain, d'une manière apparente, à l'aide de repères en maçonnerie ou de poteaux établis par les Ingénieurs, en présence des maires des communes et des propriétaires intéressés dûment convoqués.

Il sera dressé de cette opération un procès-verbal que les parties présentes seront invitées à signer, et dont une expédition sera déposée au secrétariat de chaque mairie, avec un extrait du plan d'alignement, pour la partie qui la concerne.

Art. 3. — Il est dès à présent interdit, d'une manière absolue, aux propriétaires riverains ou autres, de faire aucun ouvrage en maçonnerie, enrochement, clayonnage ou fascinage, aucune plantation, et, en un mot, aucune entreprise quelconque dans les parties du lit de la rivière qui se trouvent comprises entre les alignements arrêtés. En dehors desdits alignements, ces divers ouvrages pourront être exécutés en vertu d'autorisations spéciales préalablement données par nous, s'il y a lieu, sur la demande des parties intéressées, dans la forme des arrêtés relatifs aux alignements en matière de grande voirie.

Art. 4. — Les propriétaires ayant un intérêt commun à défendre une certaine étendue de rive pourront se réunir ou être réunis d'office en associations syndicales, en vertu de décrets spéciaux, conformément aux lois du 14 floréal an XI et du 16 septembre 1807.

Art. 5. — Ces syndicats seront autorisés, s'il y a lieu, à faire préparer des projets de détail qui pourront modifier ultérieurement, lorsque des circonstances nouvelles l'exigeront, les alignements ci-dessus arrêtés. Toutefois, ces projets ne seront mis à exécution qu'après avoir été revêtus de l'approbation de l'administration supérieure.

Art. 6.— Le présent réglement ne préjuge rien sur les questions de propriété. En conséquence, tous les droits de l'administration et des tiers à cet égard sont et demeurent formellement réservés.

Art. 7. — Les délits et contraventions aux dispositions qui précèdent seront constatés par des procès-verbaux dressés par les divers agents des ponts et chaussées, par les agents et gardes spéciaux assermentés qui pourront être ultérieurement institués, et enfin par les autres agents dûment autorisés par la loi.

Ces procès-verbaux seront déférés aux tribunaux compétents.

Fait en l'Hôtel de la Préfecture, à Nimes, le 1er mars 1849.

Le Préfet du Gard,
CHANAL.

Nous, Préfet du département du Gard,

Vu divers arrêtés de nos prédécesseurs, relatifs à l'alignement du Gardon ;

Vu notamment l'arrêté du 1er mars 1849, fixant l'alignement du Gardon d'Anduze et des Gardons réunis, entre le pont d'Anduze et le village de Dions ;

Vu la délibération du 6 septembre 1849, par laquelle le Conseil général du département a émis le vœu que la branche du Gardon d'Alais soit soumise au même régime que la branche d'Anduze ;

Vu la nouvelle délibération du 3 septembre 1851, par laquelle la même assemblée exprime le vœu « que les opérations restant en- » core à faire pour arriver au complet alignement du Gardon, » depuis son entrée dans le département jusqu'à sa jonction avec » le Rhône, soient poussées avec toute l'activité que réclame l'inté- » rêt des propriétaires et que pourront le permettre les circons-

» tances, afin de soustraire, dans l'avenir le plus prochain, aux » incessants ravages de cette rivière torrentielle, les terrains ferti- » les qu'elle traverse ; »

Vu le projet présenté sous la date des 26 janvier - 16 septembre 1848, par MM. les Ingénieurs du service ordinaire des ponts et chaussées du département, pour l'alignement de la partie du Gardon d'Alais comprise entre le pont suspendu des Hauts-Fourneaux, en amont de la ville d'Alais, et le Gardon d'Anduze, sur le territoire des communes de *Saint-Martin-de-Valgalgues*, d'*Alais*, de *Saint-Hilaire-de-Brethmas*, de *Saint-Christol*, de *Vézénobres* et de *Ribaute*;

Vu les devis en date du 22 décembre 1741 et 30 juillet 1742, dressés par le sieur Pitot, ingénieur-directeur des ouvrages publics du Languedoc, pour l'alignement et l'élargissement du Gardon, au dessus et au dessous de la ville d'Alais, ensemble les arrêts du Conseil des 21 janvier 1743 et 10 mars 1767, concernant cet alignement partiel ;

Vu l'arrêté préfectoral du 15 avril 1851, par lequel le projet sus visé des 26 janvier-16 septembre 1848 a été soumis à une enquête dans les diverses communes sus désignées ;

Vu les registres de l'enquête dans chacune de ces communes, ensemble les déclarations qu'ils contiennent ou qui y sont annexées;

Vu les délibérations des Conseils municipaux, tant sur ces déclarations que sur les projets qui y ont donné lieu, et notamment la délibération du 18 mai 1851, par laquelle le Conseil municipal d'Alais demande le maintien de l'alignement tracé par l'arrêt du Conseil du 21 janvier 1743, depuis la chaussée de Tamaris ou de Gournier jusqu'au mas de Nègre, à l'exclusion du nouvel alignement proposé, pour cette partie du Gardon, par le projet sus visé des Ingénieurs, en date des 26 janvier-15 septembre 1848, tendant à réduire à 50 mètres la largeur du lit de la rivière en amont de la ville d'Alais ;

Vu le procès-verbal des opérations de la commission particulière instituée par l'arrêté du 15 avril 1851, sus visé, pour donner son avis officieux sur les projets soumis à l'administration et sur les réclamations que ces projets pourraient faire naître ; ce procès-verbal, ouvert le 30 mai 1851 et clos le 4 juin suivant, contenant une entière adhésion aux propositions de MM. les Ingénieurs, sauf quelques modifications de détail qui ont été effectuées, ainsi qu'il est expliqué ci-après, et sous réserve du maintien de l'alignement fixé par les arrêts sus visés du Conseil, en date des 21 janvier 1743 et 10 mars 1767 ;

Vu le rapport de MM. les Ingénieurs, des 17 septembre et 28 octobre 1851, en réponse aux délibérations des Conseils municipaux et aux réclamations produites dans l'enquête ; ce rapport faisant connaître que, eu égard au résultat de l'enquête, MM. les Ingénieurs ont, sur deux points, modifié le tracé rouge pour l'alignement du Gardon, conformément aux *lignes bleues* ajoutées aux plans, mais qu'en ce qui concerne la partie du nouvel alignement projeté en amont de la ville d'Alais, les craintes du Conseil municipal ne paraissent pas fondées, puisque le rétrécissement projeté aurait eu lieu en amont d'Alais, et non point en aval ;

Que, néanmoins, il convient de satisfaire au vœu exprimé à ce sujet par les habitants d'Alais ;

Vu les lois des 22 décembre 1789, 20 août 1790, 14 floréal an XI et 16 septembre 1807, l'arrêté du gouvernement du 19 ventôse an VI, le décret impérial du 13 octobre 1812, qui portait établissement d'une *Commission spéciale* chargée de pourvoir à l'alignement et à l'encaissement du Gardon, l'arrêt de la Cour de cassation du 10 juin 1846, et les instructions ministérielles des 19 thermidor au VI et 16 novembre 1834 ;

Considérant que les dispositions consacrées par le décret de 1812 sont restées sans effet et qu'elles ne pouvaient d'ailleurs atteindre que difficilement l'objet qu'on s'était proposé ;

Que les résultats obtenus par l'application de l'arrêté préfectoral du 1er mars 1849, sus visé, démontrent la convenance des mesures déjà prises pour une partie du Gardon ;

Que l'efficacité de ces mesures a été complétée par les syndicats particuliers, qui, en ce moment, sont presque tous organisés pour cette partie de la rivière déjà réglementée ;

Qu'il convient, dès lors, d'adopter, pour la nouvelle partie du Gardon dont il s'agit, les dispositions précédemment suivies pour le Gardon d'Anduze ;

Considérant que l'alignement proposé par les Ingénieurs, suivant le projet des 26 janvier et 16 septembre 1848, ne diffère pas sensiblement de l'alignement déterminé par l'arrêt du Conseil du 21 janvier 1743, en ce qui concerne la partie de la rivière à l'aval de la ville d'Alais;

ARRÊTONS :

ARTICLE PREMIER. — Les plans dressés par MM. les Ingénieurs des ponts et chaussées, les 26 janvier-16 septembre 1848 pour l'alignement du Gardon d'Alais, sont et demeurent approuvés avec les modifications indiquées sur ces plans par des *lignes bleues*, en ce qui concerne la partie de cette rivière comprise *entre le Pont-Vieux d'Alais et le Gardon d'Anduze.*

ART. 2. — Ces alignements seront appliqués et arrêtés sur le terrain, d'une manière apparente, à l'aide de repères en maçonnerie ou de poteaux établis par les Ingénieurs, en présence des maires des communes et des propriétaires intéressés dûment convoqués.

Il sera dressé de cette opération un procès-verbal que les parties présentes seront invitées à signer et dont une expédition sera déposée au secrétariat de chaque mairie, avec un extrait du plan d'alignement, pour la partie qui la concerne.

ART. 3. — Il est dès à présent interdit, d'une manière absolue, aux propriétaires riverains ou autres, de faire aucun ouvrage en maçonnerie, enrochement, clayonnage ou fascinage, aucune plantation, et, en un mot, aucune entreprise quelconque dans les parties du *lit de la rivière* qui se trouvent comprises entre les alignements arrêtés. — En dehors desdits alignements, ces divers ouvrages pourront être exécutés, *dans ce lit*, en vertu d'autorisations spéciales préalablement données par nous, s'il y a lieu, sur la demande des parties intéressées, dans la forme des arrêtés relatifs aux alignements en matière de grande voirie.

ART. 4. — Les propriétaires, ayant un intérêt commun à défendre une certaine étendue de rive, pourront se réunir ou être réunis d'office en associations syndicales, en vertu de décrets spéciaux, conformément aux lois du 14 floréal an XI et du 16 septembre 1807.

ART. 5. — Ces syndicats seront autorisés, s'il y a lieu, à faire préparer des projets de détails qui pourront modifier ultérieurement, lorsque des circonstances nouvelles l'exigeront, les alignements ci-dessus arrêtés. Toutefois, ces projets ne seront mis à exécution qu'après avoir été revêtus de l'approbation de l'administration supérieure.

Art. 6. — Le présent règlement ne préjuge rien sur les questions de propriété. En conséquence, tous les droits de l'administration et des tiers, à cet égard, sont et demeurent formellement réservés.

Art. 7. — Les arrêtés de nos prédécesseurs sont rapportés en ce qu'ils auraient de contraire au présent arrêté.

Art. 8. — Les délits et contraventions aux dispositions qui précèdent seront constatés par des procès-verbaux dressés par les divers agents des ponts et chaussées, par les agents et les gardes spéciaux assermentés qui pourront être ultérieurement institués, et enfin par les autres agents dûment autorisés par la loi.

Ces procès-verbaux seront déférés aux tribunaux compétents.

Fait en l'Hôtel de la Préfecture, à Nimes, le 27 novembre 1851.

Pour le Préfet du Gard, en congé :

Le Conseiller de Préfecture, délégué,

N. BARAGNON.

Ces arrêtés d'alignements avaient été provoqués par l'avis émis par le Conseil général du département, dans sa session de 1846, et renouvelé dans sa deuxième session de 1848.

Dans sa délibération du 3 septembre 1851, la même assemblée exprime le vœu « que les opérations restant encore » à faire pour arriver au complet alignement du Gardon, de- » puis son entrée dans le département jusqu'à sa jonction » avec le Rhône, soient poussées avec toute l'activité que » réclame l'intérêt des propriétaires et que pourront le per- » mettre les circonstances, afin de soustraire, dans l'avenir le » plus prochain, aux incessants ravages de la rivière torren- » tielle, les terrains fertiles qu'elle traverse. »

II — ORGANISATION DE SYNDICATS

Ce programme, qui s'inspirait des termes même du décret impérial de 1812 (art. 3) et que formulait alors si nettement le Conseil général, l'administration crut le réaliser par l'organisation d'un certain nombre de syndicats continus sur chaque rive.

Des décrets successifs (1849, 1851 et 1853) constituèrent donc treize syndicats, non compris celui de la plaine de Sernhac, qui les termine et qui n'est qu'une simple association volontaire, organisée temporairement jusqu'au 1er janvier 1871.

En aval de Sernhac, le Gardon rentre dans la catégorie des rivières navigables et flottables.

Nous donnons ici le décret constitutif d'un de ces syndicats, organisés d'une manière identique :

Au nom du peuple français, LE PRÉSIDENT DE LA RÉPUBLIQUE, sur le rapport du Ministre des travaux publics ;

Vu l'avis de la commission d'enquête, en date des 13 et 14 avril 1847, nommée pour l'examen du projet général de rectification et d'alignement du lit du Gardon, entre Anduze et Dions ;

Vu l'arrêté du préfet en date du 1er mars 1849, portant fixation de l'alignement général du Gardon entre Anduze et Dions ;

Vu les procès-verbaux de l'enquête de *commodo* et *incommodo*, ouverte dans les communes de Massannes, Cassagnoles, Maruéjols-lès-Gardon, Ribaute, Vézénobres, Ners et Boucoiran, sur le projet de formation d'un syndicat pour la défense de la rive droite du Gardon, sur le territoire desdites communes ;

Vu le rapport de l'ingénieur en chef des ponts et chaussées, du 17 juin 1850;

Vu l'avis, sous forme d'arrêté, du préfet du Gard, en date du 8 juillet 1850;

Vu les lois des 14 floréal an XI et 16 septembre 1807, le décret du 27 décembre 1812, relatif aux marais de l'Anthie (Pas-de-Calais — Somme), la loi du 3 mai 1841;

Le Conseil d'Etat (section de l'administration) entendu,

DÉCRÈTE :

Titre Ier.

FORMATION DU SYNDICAT.

ARTICLE PREMIER. — Les propriétaires intéressés à la défense de la rive droite du Gardon, dans la partie comprise entre le pont de Massannes et le pont de Ners, sur le territoire des communes de Massannes, de Cassagnoles, de Maruéjols-lès-Gardon, de Ribaute, de Vézénobres, de Ners et de Boucoiran, formeront entre eux une association sous le titre de *Syndicat de Cassagnoles*, à l'effet de concourir, chacun dans la proportion de son intérêt, aux dépenses que pourrait nécessiter l'exécution et l'entretien des travaux.

ART. 2. — L'association sera administrée par un syndicat composé de sept membres, qui seront nommés par le préfet et choisis parmi les propriétaires les plus imposés à raison des terrains à défendre.

ART. 3. — Le syndicat sera renouvelé par septième tous les ans. Lors des six premiers renouvellements partiels, les membres sortants seront désignés par le sort; ils seront rééligibles.

ART. 4. — Les membres du syndicat ne pourront se faire représenter aux assemblées; il sera nommé par le préfet trois suppléants, afin de les remplacer en cas d'absence.

ART. 5. — Un des syndics sera nommé par le préfet pour remplir les fonctions de directeur.

Il sera, en cette qualité, chargé de la surveillance générale des intérêts de la communauté et de la conservation des plans, registres et autres papiers relatifs à l'administration des travaux.

ART. 6. — Les fonctions de directeur dureront trois ans; néanmoins, elles pourront être prorogées jusqu'à l'expiration des fonctions syndicales de ce membre de l'association.

Le directeur aura un adjoint nommé par le préfet. Cet adjoint, dont les fonctions seront annuelles, sera pris parmi les membres du syndicat et remplacera le directeur en cas d'empêchement.

Art. 7. — Le syndicat sera convoqué et présidé par le directeur; il pourra être réuni sur la demande de deux de ses membres ou sur l'initiative directe du préfet.

Art. 8. — Le syndicat ne pourra délibérer qu'au nombre de cinq membres au moins. Ses décisions ne seront valables qu'après l'approbation du préfet.

Art. 9. — Le syndicat est spécialement chargé : de faire dresser par un expert géomètre, et avec le concours des ingénieurs, un plan parcellaire appuyé d'un rapport indiquant, avec des teintes diverses, le périmètre et la classification des terrains à comprendre dans l'association ;

De faire rédiger les projets de travaux, de les discuter et d'en proposer le mode d'exécution ;

De concourir aux mesures nécessaires pour passer les marchés ou adjudications ;

De surveiller l'exécution des travaux ;

De dresser le tableau de la répartition des dépenses entre les divers intéressés, d'après les bases arrêtées par la commission spéciale, dont il sera parlé ci-après ;

De contrôler et de vérifier les comptes administratifs du syndic-directeur, ainsi que la comptabilité du percepteur de l'association ;

Enfin, de donner son avis sur tous les intérêts de la communauté, lorsqu'il sera consulté par l'administration, et de proposer tout ce qu'il croira utile aux propriétaires associés.

Art. 10. — Le plan parcellaire et le rapport dont il est parlé dans l'article précédent devront être déposés, pendant le délai d'un mois, à la mairie de la commune de la situation des lieux, afin que chacun puisse en prendre connaissance.

Ce délai ne courra qu'à partir de l'avertissement qui sera donné à son de trompe ou de caisse dans toutes les communes comprises au projet du périmètre, et affiché aux portes des églises et des mairies.

Les maires certifieront ces publications, et celui de la commune où les plans et procès-verbaux auront été déposés mentionnera, dans un procès-verbal qu'il ouvrira à cet effet, les déclarations et réclamations qui lui auront été faites verbalement ou par écrit, en ayant soin d'indiquer les numéros des parcelles des réclamants.

Titre II.

DE LA COMMISSION SPÉCIALE.

ART. 11. — Aux termes des articles 42 et suivants de la loi du 16 septembre 1807, une commission spéciale sera appelée à statuer sur les réclamations relatives à la fixation du périmètre des terrains qui profiteront des travaux et au classement des propriétés comprises dans ce périmètre ; elle déterminera les bases de la répartition des dépenses entre les intéressés.

ART. 12. — Cette commission sera composée de sept membres, nommés par le chef du pouvoir exécutif parmi les personnes n'ayant aucun intérêt direct dans les travaux, et qui seront présumées avoir le plus de connaissances relatives soit aux localités, soit aux divers objets sur lesquels elles auront à prononcer.

Avant d'entrer en fonctions, les membres de la commission prêteront, entre les mains du préfet, le serment de remplir leurs fonctions avec zèle et intégrité.

ART. 13. — Le président et le secrétaire seront nommés par la commission lors de sa première réunion.

ART. 14. — La commission se réunira dans le local qui lui sera désigné par le préfet, et lorsqu'elle le jugera convenable.

Les convocations seront faites à la diligence du président et par écrit.

Le préfet aura la faculté de la réunir lorsqu'il le croira nécessaire.

ART. 15. — Les décisions de la commission spéciale ne seront valables qu'autant que cinq membres au moins auront pris part à la délibération ; elles seront prises à la pluralité des voix.

Dans le cas où, six membres étant présents, les voix se trouveraient partagées, le président aura voix prépondérante.

ART. 16. — Les délibérations de la commission seront inscrites sur un registre coté et parafé par le président, signées par tous les membres présents à la délibération, et expédiées aux parties par le secrétaire.

ART. 17. — Les réclamations qui pourraient s'élever contre les décisions de la commission spéciale seront portées devant le Conseil d'Etat, sans que, dans aucun cas, l'exécution de ces décisions puisse être retardée ou suspendue.

Art. 18. — Les fonctions de la commission spéciale cesseront aussitôt après l'entier accomplissement des opérations précédemment indiquées.

A cette époque, remise sera faite aux archives de la préfecture de tous les registres et papiers, sur inventaire en double expédition, dont l'une pour le préfet et l'autre pour le secrétaire de la commission.

Art. 19. — Les frais de toute nature occasionnés par les opérations de la commission spéciale, notamment les indemnités de déplacement qui pourraient être dues aux commissaires, seront payés comme les autres dépenses de l'association.

Titre III.

DES TRAVAUX, DE LEUR MODE D'EXÉCUTION ET DE LEUR PAIEMENT.

Art. 20. — Les projets des travaux seront rédigés ou vérifiés par l'ingénieur de l'arrondissement, examinés par le syndicat et l'ingénieur en chef, et approuvés par le préfet. Ce magistrat devra toutefois les soumettre à l'approbation de l'administration supérieure, lorsqu'il s'agira de travaux autres que ceux de simple entretien.

Art. 21. — Les travaux seront adjugés, autant que possible, d'après le mode adopté pour ceux des ponts et chaussées, en présence du directeur du syndicat.

Ils pourront cependant être exécutés de toute autre manière, sur la demande du syndicat et d'après l'autorisation du préfet.

Art. 22. — L'exécution des travaux aura lieu sous la direction des ingénieurs et sous la surveillance du directeur, ainsi que d'un membre que le syndicat désignera à cet effet.

Il sera nommé, s'il y a lieu, par le préfet, un conducteur spécial, sur la présentation du syndicat et sur l'avis de l'ingénieur en chef.

Art. 23. — La réception des travaux sera faite par un ingénieur, en présence du directeur et d'un membre du syndicat.

Le procès-verbal, qui sera soumis au visa de l'ingénieur en chef, devra constater que les travaux ont été exécutés conformément aux projets approuvés et aux règles de l'art.

Art. 24. — Les travaux d'urgence pourront être exécutés immédiatement par ordre du directeur, qui sera tenu d'en rendre compte sans retard au syndicat.

A défaut du directeur, le préfet pourra faire constater l'urgence des travaux et ordonner, sur l'avis de l'ingénieur, leur exécution immédiate.

Art. 25. — Les paiements d'à-comptes pour les travaux exécutés seront effectués en vertu de mandats du directeur, d'après les états de situation dressés par les ingénieurs et visés par le syndic chargé de la surveillance des travaux.

Pour les paiements définitifs, il sera produit, en outre, un procès-verbal de réception dressé conformément aux dispositions de l'article 27.

A défaut du directeur, le préfet pourra délivrer des mandats, d'après les états de situation des ingénieurs, pour le paiement des dépenses faites d'office conformément à ses ordres.

Art. 26. — Dans le courant des deux premiers mois de chaque année, le syndicat déposera, pendant quinze jours, à la mairie de la commune de la situation des lieux, le compte des travaux exécutés pendant la campagne précédente, afin que les propriétaires puissent en prendre connaissance et présenter leurs observations.

Art. 27. — Aux mois de septembre et d'octobre de chaque année, l'ingénieur de l'arrondissement, accompagné du directeur, vérifiera la situation des travaux et dressera, de concert avec lui, le projet de budget et l'état d'indication pour l'année suivante.

Ce projet sera affiché pendant quinze jours à la Mairie de la commune de la situation des lieux, afin que les propriétaires puissent présenter leurs observations.

Il sera ensuite soumis à l'examen du syndicat, à celui de l'Ingénieur en chef, et enfin à l'approbation du Préfet.

En cas de dissentiment entre eux, l'ingénieur et le directeur dresseront séparément leur projet de budget, qui sera soumis à la publicité prescrite au paragraphe précédent, et le Préfet prononcera, après avoir consulté l'ingénieur en chef et après avoir préalablement demandé l'avis du syndicat, qui devra le fournir sous le délai de quinzaine, faute de quoi il sera passé outre.

Il sera procédé de même en cas de dépenses extraordinaires et non prévues.

Le projet de budget sera toujours accompagné d'un rapport qui fera connaître l'état des ouvrages.

Titre IV.

DE LA RÉDACTION DES RÔLES ET DE LEUR RECOUVREMENT.

ART. 28. — Le recouvrement des taxes sera fait par les percepteurs des contributions directes de la commune ou par un caissier spécial qui sera nommé par le Préfet, sur la présentation du syndicat.

ART. 29. — Ce receveur fournira un cautionnement proportionné au montant des rôles; il lui sera alloué une remise dont la quotité sera proposée par le syndicat et déterminée par le Ministre des finances, s'il s'agit d'un percepteur des contributions directes, et par le Préfet, dans le cas contraire.

ART. 30. — Au moyen de cette remise, le receveur dressera les rôles sur les documents fournis par le syndicat.

Ces rôles, après avoir été affichés à la porte de la Mairie de la situation des lieux, pendant un délai de huit jours, seront visés par le directeur du syndicat et rendus exécutoires par le Préfet.

La perception en sera faite comme en matière de contributions directes.

ART. 31. — Le receveur sera responsable du défaut de payement des taxes, dans les délais fixés par les rôles, à moins qu'il ne justifie des poursuites faites contre les contribuables en retard.

ART. 32. — Le receveur acquittera les mandats délivrés conformément aux dispositions du présent réglement.

Il rendra compte annuellement au syndicat, avant le 1er février, des récoltes et dépenses qu'il aura faites pendant l'année précédente.

Il ne lui sera pas tenu compte des payements irrégulièrement faits.

ART. 33. — Le syndicat vérifiera le compte annuel du receveur, l'arrêtera provisoirement et l'adressera au Préfet, pour être soumis au Conseil de Préfecture, qui l'arrêtera définitivement, s'il y a lieu.

ART. 34. — Le syndic directeur vérifiera, lorsqu'il le jugera convenable, la situation de la caisse du receveur.

Titre V.

DISPOSITIONS GÉNÉRALES.

ART. 35. Les réclamations relatives à la confection des rôles, qui auront été dressés par les percepteurs, d'après les documents fournis par le syndicat, ainsi que les contestations relatives à l'exécution des travaux, seront portées devant le Conseil de Préfecture, conformément aux dispositions des lois des 28 pluviôse an VIII et 14 floréal an XI, sauf recours au Conseil d'Etat.

ART. 36. — Le Préfet prendra des arrêtés pour prescrire les mesures de police qu'il jugera utiles et nécessaires à la conservation des ouvrages qui font l'objet des associations.

ART. 37. — Les délits ou contraventions seront constatés par des procès-verbaux dressés par les conducteurs des ponts et chaussées ou par tous autres agents de police, et seront déférés aux tribunaux compétents.

ART. 38. — Les honoraires, frais de voyage et autres dépenses qui seront dus aux ingénieurs employés, en exécution de la présente ordonnance, seront payés sur les fonds des travaux, d'après les réglements qui en seront faits, conformément aux dispositions de l'article 75 du décret du 7 fructidor an XII.

ART. 39. — L'acquisition des terrains qui pourraient être nécessaires pour l'exécution des travaux sera poursuivie par application de la loi du 3 mai 1841, sur l'expropriation pour cause d'utilité publique.

ART. 40.— Le Ministre des travaux publics est chargé de l'exécution du présent décret.

Fait à l'Elysée, le 31 mars 1851.

Signé L.-N. BONAPARTE.

Par le Président de la République :
Le ministre des travaux publics, signé P. MAGNE.

Pour ampliation :
Le secrétaire général, signé BOULAGE.

Pour copie conforme :
Le conseiller de préfecture, faisant fonction de secrétaire général, DE LABAUME.

Les principes d'après lesquels les syndicats furent fondés ne sont pas nouveaux, puisqu'on les retrouve à toutes les époques. Ils ont servi à toutes les associations de même nature, et notamment au syndicat des digues du Rhône, de Beaucaire à la mer.

La simplicité et la justice en sont les caractères essentiels, et l'on peut résumer ainsi les bases sur lesquelles ils reposent :

1o Faire contribuer aux charges de l'association tous ceux, *mais seulement ceux* qui s'y trouvent intéressés ;

2o Ne leur imposer de sacrifices que dans la proportion de cet intérêt même.

A ce titre, quiconque, pendant les fortes crues, avait été atteint par les eaux et avait souffert ou pouvait souffrir des ravages de la rivière, devait contribuer à en empêcher le retour, en proportion de son intérêt particulier.

Le périmètre de l'inondation fut tracé. On opéra la classification des terrains, et l'on détermina la part de contribution à imposer à chacun.

Sans doute les difficultés étaient grandes, et les bases de la répartition se composaient de tant d'éléments divers qu'il devait résulter de ce travail les imperfections inséparables de toute œuvre humaine. Ainsi, on est en droit de regretter qu'on n'ait pas compris dans l'opération, comme dans la constitution sur le syndicat du Rhône, les propriétés industrielles, les maisons d'habitation, les routes départementales ou de l'Etat, les chemins vicinaux, etc., placés sur les bords du Gardon. La propriété agricole fut seule comprise dans l'association, et cette critique n'est pas la seule qu'on puisse faire sur la répartition des charges.

Répartis en plusieurs classes, suivant le degré d'intérêt que leur offre l'opération, les terrains imposables des treize syndicats du Gardon présentent les superficies suivantes :

1°	Syndicat	de la Prairie.....	145h	80a	34c
2°	»	de Saint-Christol..	257	02	82
3°	»	de Larnac........	104	65	»
4°	»	de Massillargues...	206	49	61
5°	»	de Cardet........	143	01	23
6°	»	de Cassagnoles....	164	42	93
7°	»	de Boucoiran.....	483	57	47
8°	»	de la Calmette.....	513	72	47
9°	»	de Ribaute.......	145	50	94
10°	»	des Tavernes.....	144	42	35
11°	»	de Vézénobres....	355	59	38
12°	»	de Brignon......	211	90	21
13°	»	de Saint-Chaptes..	392	34	81
Total de la surface syndiquée....			3,268h	49a	56c

Cette surface totale de 3,300 hectares, en nombre rond, représente un capital de 26,400,000 fr. à son maximum de valeur, c'est-à-dire à raison de 8,000 fr. l'hectare. Mais la valeur réelle ne s'élevant qu'à la moitié de ce chiffre, à cause de l'instabilité du sol et des ravages incessants de la rivière, on peut en considérer comme perdue pour l'agriculture la bonne moitié, équivalant environ à 13,200,000 fr. C'est donc, à raison d'un intérêt de 3 %, une perte annuelle de 400,000 fr.

Il est essentiel de remarquer que si l'étude du régime du Gardon fut faite sous la direction de M. Vinard, ingénieur en chef du département, les mesures qui suivirent (1) furent

(1) Les arrêtés du 1er mars 1849 et du 27 novembre 1851, ainsi que les divers décrets constitutifs rendus pendant la période de 1849 à 1854.

le résultat de l'impulsion vigoureuse des événements politiques qui s'étaient accomplis en France en 1848, à la suite de l'insuffisante récolte de 1846 ; cette impulsion toute nouvelle est signalée par M. Lefort, ingénieur en chef du service hydraulique, dans son rapport du 15 août 1849 :

« L'administration, dit M. l'Ingénieur en chef, semblait » avoir compris l'impuissance des grands travaux publics » pour accroître à eux seuls la richesse publique. Le perfec- » tionnement des routes et des canaux, le développement » des voies ferrées, facilitent sans doute le transport et l'é- » change des denrées ; mais avant d'échanger, il faut pro- » duire, et, alors comme aujourd'hui, dans nos malheureuses » Cevennes, la production agricole, de qui dépend principa- » lement la prospérité du pays, voyait s'éloigner d'elle les » bras et les capitaux qui lui étaient nécessaires ; aussi, quand » le crédit et le travail industriel manquèrent, une crise so- » ciale devint imminente.

» C'est sous l'influence de ces considérations que M. le » Ministre des travaux publics, par sa circulaire du 17 no- » vembre 1848, annonçait la création, dans presque tous les » départements, d'un service destiné à centraliser toutes les » études relatives au régime des cours d'eau, usines, irriga- » tions, dessèchements, colmatages, réservoirs, etc., etc. ; » en un mot, un service spécial hydraulique.

» Le Gard, étant au nombre des départements qui pouvaient » espérer les plus grands bienfaits de la nouvelle institution, » fut mis en possession de ce service, qui fut constitué par un » arrêté du 30 novembre 1848.

» Le service comprit le Gard, l'Hérault et l'Aude ; il fut » confié, dans chaque département, aux soins d'un ingénieur » ordinaire qui résidait au chef-lieu, et placé sous la direction » d'un ingénieur en chef qui résidait à Montpellier.

» L'Ingénieur ordinaire attaché au département du Gard » fut M. Dombre, chargé précédemment du service ordinaire » dans l'arrondissement de Nimes. »

On put croire un moment à l'application de deux remèdes que réclamait le régime déplorable du Gardon, car on trouve encore dans ce rapport que « l'art et le bon sens étaient d'ac» cord pour indiquer la création de réservoirs supérieurs, » pour diminuer la hauteur et la violence des crues, au » profit de l'étiage, et la conception d'un ensemble de tra» vaux exécutés par les associations syndicales en voie de se » former. »

Mais de grandes difficultés assaillirent le service hydraulique à son origine, et des conflits d'attributions furent soulevés au sujet de la surveillance des syndicats. Le maintien d'une décision préfectorale eut pour effet de supprimer la spécialité du service hydraulique.

A dater de ce moment, les syndicats du Gardon, dont l'action individuelle avait été limitée à une étendue déterminée d'une seule rive, ressortirent au service particulier des divers arrondissements des Ingénieurs des ponts et chaussées. L'unité de direction du service spécial, qui devait faire la force de ces associations et assurer la concordance de leurs travaux ou de leurs efforts vers un but commun, disparut. Les promesses que la création d'un service hydraulique spécial avaient fait naître, s'évanouirent. L'organisation devenait impuissante; elle laissait prise à la rivalité et à l'antagonisme.

Les ressources des contribuables allaient s'épuiser pendant des années en luttes stériles, et les syndicats se transformaient en épées de combat.

III — DE L'ALIGNEMENT

De l'ancien état de choses, il n'en restait qu'une seule : l'alignement du Gardon, mesure vraiment utile et que nous avons eu la consolation de voir survivre au moins en principe.

L'alignement avait été institué pour donner à la rivière un lit stable et permanent, et pour mettre un terme aux luttes entre propriétaires de bords opposés. Les contestations étaient en effet favorisées par une jurisprudence qui s'était créée dans nos vallées, et qui résultait de l'interprétation exagérée du droit d'alluvion.

Cette jurisprudence assimilait les bancs de gravier qui font partie de la rivière et qui sont déposés par elle tantôt sur une rive, tantôt sur une autre, aux accroissements successifs et imperceptibles, prévus par l'article 556 du code Napoléon. Ces bancs de graviers, plantés d'oseraies et puissamment colmatés, déplaçaient en peu de temps le lit au profit du plus habile ou du plus heureux.

L'alignement ne pouvait évidemment supprimer le droit d'alluvion; mais en limitant l'exercice de ce droit aux parallèles entre lesquelles se trouve placé le lit légal, il devait mettre fin à ces déviations désastreuses.

Dans la pratique, les choses se sont passées comme il était facile de le prévoir, et l'alignement est devenu une limite généralement respectée.

Toutefois, bien que, dans la fixation de l'alignement, on ait tenu compte, — autant que faire se pouvait, — des situations acquises, et qu'on ait cherché à ménager les propriétés existantes, il était impossible que, — dans un travail de cette nature, — quelques terrains précieux ne fussent pas compris dans le lit du cours d'eau. Par contre, des terrains situés au vis-à-vis de ceux-ci, — en dehors de l'alignement du bord opposé, — présentaient leurs surfaces inoccupées à l'avidité d'un futur conquérant.

Cette situation a donné naissance à une question des plus graves et dont la solution se fait encore attendre.

Les terrains sur lesquels l'arrêté d'alignement a placé le lit légal ne se trouvent nullement dans une situation semblable à celle des terrains sur lesquels un arrêté préfectoral a placé l'alignement d'une voie publique à élargir. La translation des propriétés aux syndicats s'opère sans doute dans les mêmes formes ; mais les conséquences n'ont aucune analogie pour les propriétaires. En effet, les propriétaires riverains de la voie publique, — si l'on fait exception de la servitude *de non ædificandi*, — conservent les mêmes droits sur les surfaces destinées à l'élargissement de celle-ci, tant que l'arrêté d'alignement n'est pas mis à exécution. Ils ne sont au moins diminués ni dans la valeur ni dans les produits du sol, tandis que ceux des terrains compris dans les alignements du Gardon voient leur situation fatalement changer par le fait de l'interdiction qui leur est faite d'exécuter les seuls travaux propres à défendre leur propriété.

N'est-il pas évident, pour ceux qui connaissent le régime de notre rivière, que l'absence de protection, en présence d'une berge corrodée, est une cause certaine de destruction, à laquelle il ne manque que le temps pour être complétement efficace ? Une prairie entamée et sans dépenses doit nécessairement disparaître plus ou moins prochainement ?

N'est-ce pas là une sorte d'expropriation pour cause d'utilité publique à échéance plus ou moins éloignée, il est vrai, mais sans indemnité?

On objectera peut-être qu'aux termes de l'article 39 de leur décret constitutif, les syndicats sont armés du droit d'acquérir, soit à l'amiable, soit par voie d'expropriation, moyennant une juste indemnité, — lorsqu'il y a lieu d'opérer un redressement, — les propriétés particulières placées dans le lit légal de la rivière. Mais n'est-il pas évident que c'est là une simple faculté dont les syndicats peuvent user ou ne pas user, selon que leur intérêt le leur commande? Le plus souvent, rien ne les oblige de précipiter, à grands frais, un événement que le temps doit amener nécessairement sans bourse délier.

Une autre question importante n'a pas été non plus résolue : celle qui a trait à la plus-value résultant des accroissements immédiats, créés au profit de quelques uns, par suite de la fixation de l'alignement.

Nous avons vu que certains propriétaires avaient été favorisés par la délimitation ; mais, sur les bords opposés, il s'est souvent produit des froissements et des doléances qui ont ému l'administration supérieure. Celle-ci a dû accorder, sur certains points, la révision des alignements primitifs, en sorte que les propriétaires favorisés, en premier lieu, ont pu se trouver lésés par la suite.

Par exemple, l'alignement du 1er mars 1849, fixant la limite des rives du Gardon entre Anduze et Dions, a été modifié par un arrêté du 14 février 1855 et par une décision ministérielle du 27 mars 1858.

De même, l'alignement du 27 novembre 1851, fixant la limite des rives du Gardon entre le pont vieux d'Alais et le Gardon d'Anduze, a été modifié par des arrêtés du 29 septembre 1855 et du 18 octobre 1856.

Ces quatre révisions, si importantes qu'elles soient, ne sont pas d'ailleurs les seules nécessaires. M. le marquis de Calvière, dans une récente étude sur les syndicats du Gardon, fait observer que l'administration est encore appelée « à pro- » céder à quelques rectifications du plan d'alignement, rec- » tifications dont diverses circonstances paraissent indiquer » la convenance (1). » La question que nous venons de faire connaître aura, par suite, souvent lieu de se produire.

IV — TRAVAUX RIVERAINS

Les travaux en usage sur les bords du Gardon sont de deux sortes : « les travaux seulement conservatoires et les travaux ayant pour but de déplacer la rivière, de reconquérir du terrain (2). » Les premiers ont un caractère essentiellement défensif, les seconds sont toujours agressifs.

Occupons-nous d'abord de ces derniers.

La conquête du sol, qui n'est autre que la reconstitution du terrain disparu à la suite d'une ou de plusieurs crues du Gardon, se fait au moyen d'un panier, sorte de corbeille ou cage, comprise entre deux cordons de pieux parallèles, distants entre eux de 1 mètre environ. Le panier est d'une longueur qui varie suivant les circonstances. Les pieux sont faits le plus souvent avec des bois de saule ou de verne, et

(1) M. de Calvière, page 135.
(2) M. de Calvière, page 22.

quelquefois avec du bois de peuplier. Ils ont une longueur de 3 à 4 mètres, et un diamètre moyen de 10 à 15 centimètres qui, plus fort au sommet, va en diminuant jusqu'à la pointe destinée à entrer dans le sol.

Ordinairement les pieux sont enfoncés au moyen de gros maillets que manient des ouvriers rangés en cercle, de façon à ce que leurs coups se succèdent sans interruption. Dans les graviers anciens fortement tassés, où le bois pénètre avec difficulté, — pour faciliter le travail on garnit la pointe du pieu d'une armure de fer conique, et l'on substitue à l'action impuissante du maillet, l'action énergique du mouton.

Généralement les pieux sont fichés en terre aux deux tiers de la hauteur; dans cette condition, ils présentent une stabilité suffisante. La partie supérieure sert à établir un clayonnage de jeunes saules ou de vernes d'une longueur de 6 à 10 mètres et d'un diamètre maximum de 6 centimètres. On fortifie ces clayonnages au moyen de quelques pieux, appelés vulgairement les *clefs* de l'ouvrage, par la raison qu'ils sont plantés du côté opposé au courant de l'eau.

L'intervalle des cordons est rempli des plus gros cailloux de la rivière. Les moellons des coteaux voisins offrent plus de cohésion que le gravier, à cause de leurs aspérités, et cèdent moins facilement à la violence des crues; mais l'extraction en est coûteuse, et le transport le plus souvent trop dispendieux, par suite de l'éloignement. On les préfère toutes les fois que les ressources et la distance le permettent; mais ces conditions se présentent très rarement.

Le plus souvent, des haies d'osier dites *Baragnades* sont placées au devant de la face extérieure des paniers, afin de la préserver des affouillements.

Dans les situations les plus compromises, ou lorsqu'on est

conduit à donner à l'ouvrage une longueur considérable, le panier est construit à plusieurs rangs de pieux : il présente ainsi une plus grande résistance.

Enfin si un premier ouvrage vient à être ensablé, c'est-à-dire recouvert de graviers à la suite d'une crue, le panier primitif sert de fondement à un second de même nature, que l'on établit au-dessus. Cette opération s'appelle un *rehaussement*.

La direction du panier n'est pas une des conditions les moins importantes de l'ouvrage. Après avoir distingué dans les travaux en usage, « les travaux seulement conservatoires » et les travaux ayant pour but de déplacer la rivière, de re- » conquérir du terrain. » M. de Calvière, dans son étude, à laquelle nous avons déjà emprunté quelques citations, ajoute avec raison que « lorsqu'il s'agit, et c'est le cas le plus géné- » ral, de déplacer la rivière, de l'éloigner de la rive qu'elle » attaque, de reconstituer un terrain dont elle a enlevé la » couche fertile... on établit, en pieux et clayonnage, un ou- » vrage qui se détache obliquement de la berge, de manière » à former un angle plus ou moins aigu, selon la situation » des lieux, avec le courant qu'on veut déplacer. Bien choi- » sir le point d'attaque de cet ouvrage à la berge est chose » importante ; car il faut, autant que possible, éviter le dan- » ger de voir l'ouvrage tourné en arrière de son point d'atta- » que, et pris à revers. Il faut chercher un point de la rive » favorablement placé, adossé, s'il est possible, à un groupe » d'arbres, à une oseraie déjà existante, à un gravier ancien, » dur et élevé ; un ouvrage placé trop bas est toujours im- » puissant pour dévier la rivière, et tout au plus peut-il pro- » duire un effet défensif (1). »

(1) M. de Calvière, pages 22, 23 et 24.

Un complément essentiel du panier, c'est le brocage. Ce travail consiste, au fond, à ficher en terre, à des intervalles de 60 centimètres environ, des boutures de saules et de peupliers, au moyen d'un instrument en fer appelé *aiguille*. Il se pratique d'ordinaire sur les graviers abandonnés par la rivière, lorsque celle-ci a été déviée, soit par un panier, soit par une autre circonstance. Dans les fortes crues, les eaux troubles de la rivière pénètrent dans cette sorte de forêt artificielle; elles y subissent une série de remous qui en ralentissent les courants, et qui y occasionnent le dépôt d'une couche plus ou moins épaisse de limon: ce résultat se nomme le *colmatage*.

Si le succès couronne l'œuvre, si, à la suite de plusieurs crues, le terrain s'élève et se reconstitue, l'exhaussement du sol contribue à consolider les paniers. Dans cette situation, il est vrai de dire « que les brocages et les paniers se protégent mutuellement. »

Le brocage exige une avance de fonds et de bois considérable. Lorsque la rivière, se portant d'un bord sur un autre, abandonne de vastes surfaces de sables ou de graviers, présentant parfois un kilomètre de longueur, cette opération est très dispendieuse. Aussi ce travail n'incombe-t-il pas aux syndicats: c'est le devoir et le droit du propriétaire intéressé de faciliter la reconstitution de son terrain. S'il y a négligence ou mauvais vouloir de sa part, le syndicat souffre sans doute des effets de cette incurie; mais son intérêt ne va pas jusqu'à faire à ses frais, en sus du strict nécessaire, un travail qui ne profiterait guère qu'à des tiers.

On ne saurait raisonnablement conseiller la substitution de l'action des syndicats à celle des particuliers: ce serait une duperie pour les syndicats et une prime d'encouragement pour la paresse ou l'obstination des propriétaires. Ce mode de procéder ne serait applicable que dans un système général d'expropriation de tous les terrains nécessaires, moyennant une juste et préalable indemnité; mais, dans cette hypothèse, oserait-on affirmer qu'une caisse syndicale, quelle qu'elle fût pût suffire aux besoins? Tout au contraire, n'y aurait-il pas lieu de craindre que, peu à peu et sous divers prétextes, la partie imposable ne passât en grande partie aux mains de l'association? Il se produirait, dans tous les cas, une exagération regrettable, dont il serait d'autant plus difficile de se défendre que le motif de réaliser plus promptement l'alignement lui servirait de stimulant. Cet entraînement inévitable créerait un surcroît de dépenses auxquelles on ne pourrait pas faire face.

Passons à l'autre catégorie des travaux qui s'exécutent sur les bords du Gardon, c'est-à-dire aux travaux de défense ou de conservation :

« Il n'existe que deux modes de travaux purement défen-
» sifs. Le premier consiste à rabattre en talus les berges gé-
» néralement verticales, à les soutenir par une rangée de
» pieux, à y placer, dans le sens du courant, de jeunes arbres
» couchés sur le sol et dont les branches, ainsi que les raci-
» nes enfoncées dans la terre, la retiennent et donnent
» naissance à de nombreux rejetons. Enfin, on relie le tout
» par des baragnades plantées sur le talus. Ce système peut
» réussir lorsque le courant est à peu près parallèle à la
» berge; mais, dans le cas contraire, si la direction du cou-
» rant est perpendiculaire à la berge, ou telle enfin qu'il
» doive, aux temps des crues, l'attaquer violemment, cet
» ouvrage sera le plus souvent insuffisant (1). »

L'auteur que nous citons a omis de dire que ce premier

(1) M. de Calvière, p. 126.

moyen de défense devient également insuffisant, lorsque, la direction du courant étant perpendiculaire à la berge, il se produit une érosion : « Il faut alors recourir au second mode, » c'est-à-dire au revêtement des berges en pierres de car- » rière, moellons ou rochers disposés en perrés (1). »

Ce mode de défense, que l'administration du chemin de fer a inauguré dans nos vallées, pour protéger les talus menacés de sa voie ferrée, est un mode très coûteux. Généralement, on n'a guère recours aux perrés qu'en présence d'un péril imminent, sur des points fortement atteints et situés bien en arrière de l'alignement.

Dans cette position, les perrés ne sont destinés à produire qu'un effet accessoire, c'est-à-dire purement local, passager et restreint. La dépense est alors regrettable, puisqu'elle n'a pas pour but de concourir à la reconstitution des terrains selon l'alignement, et qu'il suffit de la plus légère déviation du lit de la rivière pour enlever aux travaux toute influence sur la direction générale des courants.

On ne peut donc échapper à cette conclusion, « qu'il est » évident que, dans la situation des rives du Gardon, la » défense est, sauf un petit nombre de cas, impossible ou » trop onéreuse (2). » Nous étions par conséquent bien fondé à affirmer plus haut qu'en présence de l'interdiction de tous travaux autres que ceux qui concourent à la défense, on devait forcément considérer les propriétés comprises dans les alignements comme frappées d'une sorte d'expropriation réalisée sans indemnité, avec l'aide du temps.

(1) M. de Calvière, page 126.
(2) M. de Calvière, page 127.

V — INCONVÉNIENTS ET INSUFFISANCE DES TRAVAUX

Il nous reste à envisager les différents travaux en usage sur les bords du Gardon, au double point de vue de leur *moralité* et de leur *durée*.

Ecartons tout d'abord le mode des perrés en moellons, dont l'emploi est essentiellement exceptionnel, nous réservant d'examiner en temps utile, si les frais d'application de ce système à la défense des deux rives, ne seraient pas largement compensés par les avantages qui résulteraient de la fixité et de la stabilité des terrains.

Cette réserve faite, nous devons constater que les syndicats ont emprunté leurs procédés aux particuliers, et que les travaux qu'exécutent ordinairement ceux-ci, ont servi de modèle aux travaux des associations.

Nous nous en référons à l'appréciation de M. de Calvière : « Avant la création des syndicats, lorsqu'un propriétaire » voulait protéger sa propriété, il établissait, autant que » possible à sa limite supérieure, un ouvrage plus ou moins » considérable : ou bien la rivière était rejetée vers la rive » opposée, ou bien, résultat plus fréquent, elle revenait, » après avoir dépassé l'ouvrage, retomber sur la même rive, à » une certaine distance en aval... le mal n'était donc que » déplacé... Ce système, excellent pour un propriétaire qui » travaille seul, sur son propre terrain, avec ses propres res- » sources, sans souci de ce que la rivière deviendra après » avoir dépassé sa propriété, constitue une iniquité véritable » quand il s'agit de travaux payés à frais communs, exécutés

» par une association dans laquelle tous les associés ont un » droit égal (1). »

En procédant de la sorte, tous les syndicats ont protégé la propriété supérieure aux dépens de celle qui la suit immédiatement et ont abouti à une profonde injustice.

Tandis que l'expérience de tous les jours démontrait la solidarité d'une rive à l'autre et la nécessité de faire des travaux d'ensemble, on n'a donc fait que des travaux partiels, successifs, s'appliquant à une seule rive, et il a été impossible d'obtenir, sur le bord opposé, la construction des ouvrages auxiliaires destinés à compléter le système défensif. On s'est heurté contre l'obstination, contre l'inertie, contre le défaut de ressources suffisantes, et, à ces difficultés déjà si graves, sont venues se joindre les lenteurs administratives. On ne cite qu'un exemple dans lequel l'accord mutuel des syndicats et leur action simultanée soient parvenus à triompher de tous les obstacles: « Partout ailleurs, ce n'a été trop souvent entre » les syndicats que dissentiments, travaux des uns paralysés » par l'inertie des autres, querelles, discordes et procès (2). »

Défaut d'équité et impuissance : tels sont les deux points auxquels a abouti l'organisation actuelle des associations syndicales.

Si l'on étudie les conditions d'existence des travaux de conquête, les seuls dont il y ait à présent à s'occuper, — puisque nous avons démontré plus haut l'insuffisance des travaux défensifs, — on ne peut se faire illusion sur le peu de durée de paniers construits en bois de saule ou de peuplier et garnis de cailloux roulés par la rivière.

Dans l'hypothèse la plus favorable, alors que l'ouvrage

(1) M. de Calvière, pages 129, 130.
(2) M. de Calvière, page 70.

résiste vaillamment à la violence des crues, alors que rien de ce qui le constitue n'est entamé, que les pieux et les traînes souvent mal assurés, que les cailloux toujours sans cohésion, se maintiennent à leur place malgré la violence des courants ; dans cette hypothèse même, — si peu conforme, hélas ! à la réalité des faits, — n'est-il pas de toute évidence que d'autres causes de dépérissement, tels que le soleil et l'eau, par exemple, doivent triompher à bref délai de la nature des bois employés ? A moins qu'à la suite d'une déviation de la rivière, un blocage, fait en temps opportun, ne donne naissance à une végétation d'osiers, et que des dépôts de sables ou de graviers ne dérobent l'ouvrage à l'action du courant, le panier doit périr promptement : « les pieux, les clayonnages qui le » composent se pourrissent ou se dessèchent, l'empierre- » ment qui le forme n'étant plus soutenu, se désagrège et se » dissout (1). »

Et lorsque, après une période de quelques années, la rivière, — par un de ces retours qui lui sont familiers, — apparaît de nouveau menaçante et vient à heurter ces mêmes berges, naguère défendues par toutes les ressources des travaux ordinaires, il ne reste aucune trace de la défense primitive : un temps très court a suffi pour tout anéantir, et l'œuvre incessante de Sisyphe est à recommencer.

Les prévisions budgétaires de nos treize associations syndicales ont beaucoup varié d'année en année. Certains syndicats ont peu ou pas fonctionné ; d'autres, après quelques insuccès répétés, se sont arrêtés dans leur marche infructueuse ; d'autres enfin, qui sont en petit nombre, bravant une impopularité toujours croissante et s'obstinant dans des efforts impuissants, luttent encore, mais sans espoir... Ces

(1) M. de Calvière, page 137.

diverses circonstances ne permettent pas d'évaluer exactement le chiffre de leurs dépenses annuelles. Toutefois, on peut affirmer que l'expérience du système actuel a déjà coûté des sommes assez rondes aux contribuables..... Heureux encore, si, après cette longue et ruineuse épreuve; si, après cette dépense de temps et d'argent, il se dégage un enseignement profitable pour l'avenir!

De ce qui précède, on peut conclure que si, d'un côté, les alignements avaient été arrêtés en vüe de déterminer le lit légal de la rivière, de l'autre, les syndicats avaient été créés pour réaliser ces alignements, pour éteindre les guerres permanentes entre propriétaires de bords opposés, et pour rendre à la propriété foncière la fixité et la sécurité qui lui manquaient.

Ce but a-t-il été atteint? A la guerre des propriétaires ne s'est-il pas substitué celle des syndicats? Les petits procès n'ont-ils pas été remplacés par les grands? La propriété est-elle moins dévastée et a-t-elle joui d'une plus grande protection qu'autrefois?

« Les syndicats ont, dans leur existence d'environ quinze » années, dépensé des sommes relativement considérables, » et qui, disséminées sur des travaux exécutés sans es- » prit d'ensemble, n'ont produit que peu ou pas de résul- » tats (1). »

N'est-on pas fondé à rappeler aujourd'hui les paroles citées à l'occasion de la situation de 1846, et à dire, comme précédemment : « On ne peut évidemment laisser plus » longtemps les choses dans ce déplorable état; il y a là un » mal profond auquel on doit sans retard porter remède (2)? »

(1) M. de Calvière, page 135.

(2) Rapport de M. Dombre, 31 août 1846.

Ecartons par la pensée les quelques riverains qui se complaisent dans une situation tout à fait exceptionnelle, et pour lesquels les mauvais jours ne se sont pas encore levés, ou bien ceux qui, tout en condamnant un système déplorable, s'ingénient à chercher des palliatifs. Laissons parler les propriétaires ; interrogeons les contribuables, véritables intéressés.

Certes, rien n'est plus facile à l'administration que de sonder l'opinion quand elle le désire : j'affirme qu'en aucune circonstance, ce devoir n'a jamais été pour elle plus impérieux. Du reste, le pays n'a pas attendu jusqu'à cette heure pour se prononcer : les plaintes de toute nature abondent, et partout « où ce système, qui nous est imposé par la force des » choses et les vices de notre organisation actuelle, est forcé» ment poursuivi, ce ne sont que clameurs et récrimina» tions (1). »

Ainsi l'organisation des syndicats actuels est condamnée par l'expérience, et les décrets constitutifs de leur création doivent être remaniés.

Si l'on fait un retour vers le passé, combien nous sommes loin des espérances ministérielles de 1848 ! Les promesses faites à cette époque ne constituaient pourtant pas une de ces utopies, comme il en naît parfois aux époques de crise de notre état social, et dont le bon sens public fait justice, quand l'ordre et le calme ont remplacé l'agitation du moment.

Tout le monde sait jusqu'à quel point, dans un grand nombre de départements, la spécialité du service hydraulique a puissamment contribué au développement de la richesse publique, en centralisant toutes les études relatives au régime des cours d'eau.

(1) M. de Calvière, page 131.

Autour de nous, peut-on constater des résultats? Où sont les réservoirs destinés à retenir les eaux pluviales dans nos vallées supérieures et à créer des ressources pour les époques de sécheresse? Hélas! les inondations ne sont ni moins fréquentes ni moins désastreuses, et nos usines ne sont pas mieux alimentées à l'étiage.

En ce qui concerne les irrigations, en compte-t-on un plus grand nombre?

« Les irrigations sont peu avancées dans le département;
» elles ne sont guère pratiquées que dans la région des mon-
» tagnes... Sur la principale rivière du Gardon, qui pré-
» sente un parcours de 80 kilomètres entre Anduze et le
» Rhône (non compris la branche d'Alais), on ne compte
» que deux entreprises d'irrigation très précaires, embras-
» sant ensemble une superficie de 100 hectares au plus...
» Le Gard est dans un état d'infériorité manifeste relative-
» ment aux départements voisins de Vaucluse et des Bouches-
» du-Rhône. Le gros bétail ne peut y être élevé et l'agricul-
» ture souffre par l'insuffisance des engrais. Un pareil état de
» choses ne peut être attribué à la nature, car le Gardon, la
» Cèze, l'Hérault, le Vidourle et leurs affluents conservent
» encore, jusqu'à la fin de juin, assez d'eau pour arroser
» 10,000 hectares (1). »

Sans doute, les études et les encouragements ont été peu fréquents; mais, on ne saurait le nier, il serait difficile de former dans les vallées du Gardon, et avec les conditions du régime actuel de la rivière, des entreprises de quelque importance. L'instabilité des terrains irrigables ne permet pas qu'on dépense des sommes considérables aux travaux d'art, barrages, canaux de dérivation, etc., que nécessite toute

(1) *Annuaire du département du Gard*, année 1867, page 717.

opération sérieuse, alors surtout que les surfaces à fertiliser peuvent disparaître, en tout ou en partie, dans l'espace de quelques années, de quelques heures peut-être. Dans un temps plus ou moins éloigné, l'œuvre serait compromise; le capital deviendrait improductif.

Ainsi, sous le ciel le plus pur de la France, sous le magnifique soleil de notre Midi, pas d'irrigation possible. La terre manque à l'eau plus peut-être que l'eau ne manque à la terre, tant est désastreux et incessant, dans nos contrées, le combat de ces deux éléments dont l'harmonie ferait notre richesse et notre prospérité.

VI — CONCLUSION

En fin de compte, de toutes les mesures adoptées jusqu'à ce jour pour régler le régime du Gardon et de tous les tâtonnements du passé, une seule chose reste debout et, — à quelques modifications près, — doit être conservée, c'est l'alignement général des deux branches de la rivière, moyen vraiment efficace d'arrêter les empiètements des propriétaires de bord opposé.

Après vingt ans d'attente, après tant de dépenses, ce résultat est une déception profonde. Mais est-ce à dire que, dans ce désordre extrême, dans cet état de dévastation générale, on doive désespérer de l'avenir? Aucun autre mode de procéder n'est-il possible?

La recherche d'un remède à une pareille situation est sans contredit, légitime.

A des travaux sans corrélations, à des ouvrages sans consistance, éparpillés sur une infinité de points, n'y a-t-il pas lieu de substituer un système de digues submersibles continues et revêtues de perrés, — mode de préservation dispendieux, mais durable, — qui n'exige qu'un faible entretien et une surveillance active ?

Au lieu de ces prévisions de budget timides et impuissantes, ne doit-on pas faire emploi de ressources plus considérables, en les demandant à l'emprunt, et en appelant ainsi les générations à venir à participer aux charges dont elles recueilleront les bénéfices ?

Les syndicats isolés que l'expérience a condamnés ne peuvent-ils être remplacés utilement par une nouvelle organisation comprenant les deux rives, sous la forme d'un nombre restreint d'associations, ou sous la forme d'un syndicat général ayant des attributions mieux comprises ?

N'est-il pas opportun d'attribuer la formation et la surveillance de l'organisation nouvelle au service spécial des irrigations, desséchements et usines, et de rendre ce service entièrement distinct, à l'exemple de ce qui s'est fait dans un grand nombre de nos départements ? N'est-ce pas là le seul moyen d'imprimer aux travaux qui intéressent le régime de nos cours d'eau, un esprit de suite et d'ensemble, en même temps qu'une puissante unité de direction et de contrôle ?

Peut-être convient-il simplement de sortir du régime exceptionnel qui a présidé à l'organisation des syndicats existants, et de se placer à l'avenir sous la protection de la loi du 21 juin 1865 sur les associations syndicales.

Ces questions dont la gravité n'échappe à personne ne peuvent être traitées avec quelque fruit que par les représentants des intéressés, dans le sein d'une commission générale, sous le regard et avec le concours éclairé d'une administration bienveillante.

D'une discusion sérieuse, approfondie, complète, naîtront des résolutions fécondes en bons résultats.

Dès lors nos vallées déjà frappées dans leur principale richesse, l'industrie de la soie, verront s'éloigner d'elles un nouveau fléau non moins dévastateur, les ravages du torrent. On parviendra à reconstituer ces beaux rivages que Florian nous décrivait naguère avec tant de poésie et qui n'existent plus que par le souvenir. Alors apparaîtront, en place de nos landes stériles et désolées, ces riches pâturages où nos pères produisaient sans efforts de nombreux élèves et d'abondants engrais.

Ainsi se réaliseront enfin dans nos contrées les paroles impériales prononcées le 5 janvier dernier à l'occasion des récompenses décernées aux lauréats de l'exposition universelle : *L'agriculture reprendra sa marche ascendante et les populations verront leur sort s'améliorer.*

DOCUMENTS

LOI SUR LES ASSOCIATIONS SYNDICALES

(21-26 juin 1865.)

TITRE Ier.

DES ASSOCIATIONS SYNDICALES.

Art. 1er. — Peuvent être l'objet d'une association syndicale, entre propriétaires intéressés, l'exécution et l'entretien de travaux : 1° de défense contre la mer, les fleuves, les torrents et les rivières navigables ou non navigables ; 2° de curage, approfondissement, redressement et régularisation des canaux et cours d'eau non navigables ni flottables et des canaux de desséchement et d'irrigation ; 3° de desséchement des marais ; 4° des étiers et ouvrages nécessaires à l'exploitation des marais salants ; 5° d'assainissement des terres humides et insalubres ; 6° d'irrigation et de colmatage ; 7° de drainage ; 8° de chemins d'exploitation et de toute autre amélioration agricole ayant un caractère d'intérêt collectif.

Art. 2. — Les associations syndicales sont libres ou autorisées.

Art. 3. — Elles peuvent ester en justice par leurs syndics, acquérir, vendre, échanger, transiger, emprunter et hypothéquer.

Art. 4. — L'adhésion à une association syndicale est valablement donnée par les tuteurs, par les envoyés en possession provisoire et par tout représentant légal pour les biens des mineurs, des interdits, des absents et autres incapables, après autorisation du tribunal de la situation des biens, donnée sur simple requête en la chambre du conseil, le ministère public entendu. Cette disposition est applicable aux immeubles dotaux et aux majorats.

TITRE II.

DES ASSOCIATIONS SYNDICALES LIBRES.

ART. 5. — Les associations syndicales libres se forment sans l'intervention de l'administration. — Le consentement unanime des associés doit être constaté par écrit. — L'acte d'association spécifie le but de l'entreprise ; il règle le mode d'administration de la société et fixe les limites du mandat confié aux administrateurs ou syndics ; il détermine les voies et moyens nécessaires pour subvenir à la dépense, ainsi que le mode de recouvrement des cotisations.

ART. 6. — Un extrait de l'acte d'association devra, dans le délai d'un mois, à partir de sa date, être publié dans un journal d'annonces légales de l'arrondissement, ou, s'il n'en existe aucun, dans l'un des journaux du département. Il sera, en outre, transmis au préfet et inséré dans le recueil des actes de la préfecture.

ART. 7. — A défaut de publication dans un journal d'annonces légales, l'association ne jouira pas du bénéfice de l'article 3. L'omission de cette formalité ne peut être opposée aux tiers par les associés.

ART. 8. — Les associations syndicales libres peuvent être converties en associations autorisées par arrêté préfectoral, en vertu d'une délibération prise par l'assemblée générale, conformément à l'article 12 ci-après, sauf les dispositions contraires qui pourraient résulter de l'acte d'association. Elles jouissent, dès lors, des avantages accordés à ces associations par les articles 15, 16, 17, 18 et 19.

TITRE III.

DES ASSOCIATIONS SYNDICALES AUTORISÉES.

ART. 9. — Les propriétaires intéressés à l'exécution des travaux spécifiés dans les numéros 1, 2, 3, 4, 5 de l'article 1er peuvent être réunis, par arrêté préfectoral, en association syndicale autorisée, soit sur la demande d'un ou plusieurs d'entre eux, soit sur l'initiative du préfet.

Art. 10. — Le préfet soumet à une enquête administrative, dont les formes seront déterminées par un réglement d'administration publique, les plans, avant-projets et devis des travaux, ainsi que le projet d'association. Le plan indique le périmètre des terrains intéressés et est accompagné de l'état des propriétaires de chaque parcelle. Le projet d'association spécifie le but de l'entreprise et détermine les voies et moyens nécessaires pour subvenir à la dépense.

Art. 11. — Après l'enquête, les propriétaires qui sont présumés devoir profiter des travaux sont convoqués en assemblée générale par le préfet, qui en nomme le président sans être tenu de le choisir parmi les membres de l'assemblée. Un procès-verbal constate la présence des intéressés et le résultat de la délibération. Il est signé par les membres présents et mentionne l'adhésion de ceux qui ne savent pas signer. — L'acte contenant le consentement par écrit de ceux qui l'ont envoyé en cette forme, est mentionné dans ce procès-verbal et y reste annexé. — Le procès-verbal est transmis au préfet.

Art. 12. — Si la majorité des intéressés, représentant au moins les deux tiers de la superficie des terrains, ou les deux tiers des intéressés, représentant plus de la moitié de la superficie, ont donné leur adhésion, le préfet autorise, s'il y a lieu, l'association. Un extrait de l'acte d'association et l'arrêté du préfet en cas d'autorisation, et, en cas de refus, l'arrêté du préfet, sont affichés dans les communes de la situation des lieux et insérés dans le recueil des actes de la préfecture.

Art. 13. — Les propriétaires intéressés et les tiers peuvent déférer cet arrêté au ministre des travaux publics dans le délai d'un mois, à partir de l'affiche. Le recours est déposé à la préfecture et transmis, avec le dossier, au ministre, dans le délai de quinze jours. — Il est statué par un décret rendu en conseil d'Etat.

Art. 14. — S'il s'agit des travaux spécifiés aux numéros 3, 4, et 5 de l'article 1er, les propriétaires qui n'auront pas adhéré au projet d'association pourront, dans le délai d'un mois ci-dessus déterminé, déclarer à la préfecture qu'ils entendent délaisser, moyennant indemnité, les terrains leur appartenant et compris dans le périmètre. Il leur sera donné récépissé de la déclaration. L'indemnité à la charge de l'association sera fixée conformément à l'article 16 de la loi du 21 mai 1856.

Art. 15. — Les taxes ou cotisations sont recouvrées sur des rôles dressés par le syndicat chargé de l'administration de l'association, approuvés, s'il y a lieu, et rendus exécutoires par le préfet. Le recouvrement est fait comme en matière de contributions directes.

Art. 16. — Les contestations relatives à la fixation du périmètre des terrains compris dans l'association, à la division des terrains en différentes classes, au classement des propriétés en raison de leur intérêt aux travaux, à la répartition et à la perception des taxes, à l'exécution des travaux, sont jugées par le conseil d'Etat. Il est procédé à l'apurement des comptes de l'association selon les règles établies pour les comptes des receveurs municipaux.

Art. 17. — Nul propriétaire compris dans l'association ne pourra, après le délai de quatre mois, à partir de la notification du premier rôle des taxes, contester sa qualité d'associé ou la validité de l'association.

Art. 18. — Dans le cas où l'exécution des travaux entrepris par une association syndicale autorisée exige l'expropriation de terrains, il y est procédé conformément aux dispositions de l'article 16 de la loi du 21 mai 1836, après déclaration d'utilité publique, par décret rendu en conseil d'Etat.

Art. 19. — Lorsqu'il y a lieu à l'établissement de servitudes, conformément aux lois, au profit d'associations syndicales, les contestations sont jugées suivant les dispositions de l'article 5 de la loi du 10 juin 1854.

TITRE IV.

DE LA REPRÉSENTATION DE LA PROPRIÉTÉ DANS LES ASSEMBLÉES GÉNÉRALES.

Des syndics.

Art. 20. — L'acte constitutif de chaque association fixe le minimum d'intérêt qui donne droit à chaque propriétaire de faire partie de l'assemblee générale. — Les propriétaires de parcelles inférieures au minimum fixé peuvent se réunir pour se faire représenter à l'assemblée générale par un ou plusieurs d'entre eux, en nombre égal au nombre de fois que le minimum d'intérêt se trouve compris dans leurs parcelles réunies. — L'acte d'association détermine le maximum de voix attribué à un même propriétaire, ainsi que le nombre de voix attaché à chaque usine, d'après son importance, et le maximum de voix attribué aux usiniers réunis.

Art. 21. — Le nombre des syndics, leur répartition, s'il y a lieu, entre diverses catégories d'intéressés et la durée de leurs fonctions seront déterminés par l'acte constitutif de l'association.

Art. 22. — Les syndics sont élus par l'assemblée générale parmi les intéressés. Lorsque les syndics doivent être pris dans diverses catégories, la liste d'éligibilité est divisée en sections correspondantes à ces diverses catégories. — Les syndics seront nommés par le préfet, dans le cas où l'assemblée générale, après deux convocations, ne se serait pas réunie ou n'aurait pas procédé à l'élection des syndics.

Art. 23. — Dans le cas où, sur la demande du syndicat, il est accordé une subvention par l'Etat, par le département ou par une commune, cette subvention donne droit à la nomination, par le préfet, d'un nombre de syndics proportionné à la part que la subvention représente dans l'ensemble de l'entreprise.

Art. 24. — Les syndics élisent l'un deux pour remplir les fonctions de directeur, et, s'il y a lieu, un adjoint qui remplace le directeur en cas d'absence ou d'empêchement. Le directeur et l'adjoint sont toujours rééligibles.

TITRE V.

DISPOSITIONS GÉNÉRALES.

Art. 25. — A défaut, par une association, d'entreprendre les travaux en vue desquels elle aura été autorisée, le préfet rapportera, s'il y a lieu et après mise en demeure, l'arrêté d'autorisation. Il sera statué par un décret rendu en conseil d'Etat, si l'autorisation a été accordé en cette forme. — Dans le cas où l'interruption ou le défaut d'entretien des travaux entrepris par une association pourrait avoir des conséquences nuisibles à l'intérêt public, le préfet, après mise en demeure, pourra faire procéder d'office à l'exécution des travaux nécessaires pour obvier à ces conséquences.

Art. 26. — La loi du 16 septembre 1807 et celle du 14 floréal an xi continueront à recevoir leur exécution, à défaut de formation d'associations libres ou autorisées, lorsqu'il s'agira de travaux spécifiés aux numéros 1, 2 et 3 de l'article 1er de la présente loi. Toutefois, il sera statué, à l'avenir, par le conseil de préfecture, sur les contestations qui, d'après la loi du 16 septembre 1807, devaient être jugées par une commission spéciale. — En ce qui concerne la perception des taxes, l'expropriation et l'établissement de servitudes, il sera procédé conformément aux articles 15, 16, 18 et 19 de la présente loi.

Ministère de l'Agriculture, du Commerce et des Travaux publics.

LOI DU 21 JUIN 1865 SUR LES ASSOCIATIONS SYNDICALES.

CIRCULAIRE.

Paris, le 12 août 1865.

Monsieur le Préfet,

La loi du 21 juin 1865 est venue coordonner et régulariser les dispositions diverses qui régissent les associations syndicales, et a marqué ainsi un nouveau pas dans la voie des améliorations agricoles dont le gouvernement impérial poursuit la réalisation. Je viens vous donner les instructions nécessaires pour vous diriger dans l'application de cette loi.

Le titre Ier énumère les divers travaux qui peuvent être l'objet d'une association syndicale entre propriétaires intéressés. Ce sont les travaux :

1° De défense contre la mer, les fleuves, les torrents et les rivières navigables ou non navigables ;

2° De curage, approfondissement, redressement et régularisation des canaux et cours d'eau non navigables ni flottables, et des canaux de dessèchement et d'irrigation ;

3° De dessèchement des marais ;

4° Des étiers et ouvrages nécessaires à l'exploitation des marais salants ;

5° D'assainissement des terres humides et insalubres ;

6° D'irrigation et de colmatage ;

7° De drainage ;

8° De chemins d'exploitation et de toute autre amélioration agricole ayant un caractère d'intérêt collectif.

La plupart des travaux énoncés dans ces huit paragraphes peuvent déjà, sous l'empire de la législation actuelle, être l'objet d'associations syndicales. Cependant la nouvelle loi a consacré plusieurs additions sur lesquelles je dois appeler votre attention.

Ainsi, le second paragraphe comprend, indépendamment du curage, *l'approfondissement, le redressement et la régularisation* des canaux et cours d'eau non navigables ni flottables et des canaux de dessèchement et d'irrigation. Toutefois, les travaux de cette nature ne doivent être entrepris qu'avec une extrême réserve, et lorsqu'ils sont nécessaires pour opérer le complément d'un curage efficace. Dans ce cas, ils doivent être autorisés par un décret rendu en conseil d'Etat, après l'accomplissement des formalités d'enquête.

Le quatrième paragraphe s'applique à une nature d'ouvrages qui présente un caractère tout spécial; ce sont les canaux nommés *étiers*, destinés à introduire les eaux de la mer dans les marais salants, notamment sur le littoral de l'Ouest, et, en outre, les fossés intérieurs et les bassins où ces eaux subissent une première évaporation. Ces ouvrages, nécessaires pour la fabrication du sel, constituent des propriétés communes à tous les intéressés, et dont la conservation doit peser sur chacun d'eux dans la proportion de son intérêt. La réunion des propriétaires en associations syndicales est donc une mesure parfaitement justifiée et d'une incontestable utilité.

L'assainissement des terres humides et insalubres, qui fait l'objet du cinquième paragraphe de l'article 1er, ne doit pas être confondu avec le desséchement des marais, qui est au troisième paragraphe. Il ne sagit pas ici de marais proprement dits, qui ont en général un aspect et un caractère parfaitement définis ; il s'agit de ces terrains qui sont quelquefois désignés sous le nom de terres mouillées, et qui ne doivent leur état d'humidité et par suite d'insalubrité qu'à des obstacles accidentels qui arrêtent l'écoulement des eaux. Il suffit, le plus souvent, soit de rétablir un cours d'eau qui a disparu par suite du défaut du curage, soit d'ouvrir quelques rigoles secondaires, soit d'augmenter le débouché d'un pont pour rendre la fertilité et la salubrité à des terrains longtemps improductifs et insalubres.

Le paragraphe 6 comprend, outre l'irrigation, le colmatage des terres. Cette dernière opération consiste à exhausser un bas-fond habituellement immergé, ou à couvrir des terrains infertiles, tels que des sables ou des graviers, au moyen d'alluvions entraînées par des eaux courantes. Cette amélioration agricole, qui a été appliquée avec succès sur divers points de la France, notamment sur les bords de la Moselle et de quelques cours d'eau du Midi, méritait d'être encouragée ; aussi pourra-t-elle désormais devenir l'objet d'une association syndicale.

Enfin le dernier paragraphe énonce les chemins d'exploitation et toute autre amélioration agricole ayant un caractère d'intérêt collectif. Le terme « chemins d'exploitation » s'applique exclusivement à des chemins qui ne doivent servir qu'à l'exploitation de propriétés privées. Pour ceux qui ont un caractère public et dont l'administration et la police sont placées dans les attributions de l'autorité municipale, on ne saurait admettre qu'une association syndicale pût se substituer à cette autorité. La loi a eu seulement pour but de faciliter, par la formation d'associations syndicales, l'ouverture des voies d'accès utiles à un certain nombre de propriétaires. En ajoutant d'ailleurs à cette énonciation « toute autre amélioration agricole d'intérêt collectif, » le législateur a voulu laisser la voie ouverte à l'exécution de tous les travaux utiles à l'agriculture, tels que fixation de dunes, construction de ponts, ensemencement de landes, qui, par leur nature, peuvent exiger le concours d'un certain nombre de propriétaires.

Par ces dispositions nouvelles, la loi donne une utile extension à l'action des associations syndicales.

Jusqu'ici, aucune loi ou règlement n'avait prévu la formation d'une association syndicale libre, réunie par la seule volonté des intéressés, et n'empruntant aucun droit à l'autorité publique. Une association ainsi formée ne constituait, par le fait, qu'une simple société civile, dont tous les membres devaient être assignés individuellement sur les demandes intéressant l'association, et non collectivement, en la personne de leurs syndics. Il importait de faire disparaître ces entraves et de donner un plus libre essor à l'initiative de l'intérêt privé.

L'article 2 de la loi prévoit, en conséquence, la formation d'associations *libres*, en même temps que celle d'associations *autorisées*, et l'article 3 décide que les unes, comme les autres, peuvent ester en justice par leurs syndics, acquérir, vendre, échanger, transiger, emprunter et hypothéquer.

L'article 4 fait disparaître une autre difficulté que rencontre la constitution volontaire des associations, en donnant aux représentants des incapables le pouvoir d'adhérer en leur nom à une association syndicale. Cette disposition est empruntée à l'article 13 de la loi du 2 mai 1841, sur l'expropriation pour cause d'utilité publique. Toutefois, la nouvelle rédaction attribue d'une manière expresse, au tribunal de la *situation des biens*, compétence pour accorder aux représentants des incapables l'autorisation de donner leur adhésion. Il a paru que ce tribunal était mieux à même que le tribunal du domicile des parties d'apprécier l'utilité de l'opération projetée, et qu'ainsi la décision serait à la fois plus prompte et plus éclairée.

Les quatre articles dont je viens de parler forment le titre Ier de la loi, et posent les principes généraux des associations syndicales.

Le titre II est relatif aux associations libres.

Ces associations se forment, en vertu de l'article 3 de la loi, sans l'intervention de l'administration, par le consentement unanime des intéressés. Ce consentement *doit être constaté par écrit*, c'est-à-dire par acte notarié, ou par un simple acte sous seing privé, spécifiant le but et les conditions de l'association.

La publication, dans un journal de l'arrondissement ou du dépar tement, d'un extrait de l'acte d'association, est prescrite par l'article 6 dans l'intérêt des tiers, et c'est à l'observation de cette formalité qu'est attaché l'exercice des droits conférés par l'article 3 de la loi.

L'insertion dans le recueil des actes de la préfecture est également prescrite; mais l'article 7 n'attache de sanction qu'au défaut de publication dans un journal d'annonces légales, et n'en attache aucune au défaut d'insertion dans le recueil des actes de la préfecture. Cette insertion, faite dans un recueil administratif, et qui a surtout pour but de conserver, dans les archives de chaque mairie, l'extrait de l'acte d'association, devra être gratuite. Quant à la forme de l'extrait, il suffit, pour remplir le but de la loi, d'y comprendre les clauses principales de l'acte, telles qu'elles sont énoncées dans le dernier paragraphe de l'article 5.

L'article 8 de la loi contient une disposition essentielle, et sur laquelle je dois appeler toute votre attention. Les associations syndicales libres, formées par application des articles 5, 6 et 7, jouissent du bénéfice des articles 3 et 4, qui leur confèrent, sans doute, des droits importants ; mais elles n'en conservent pas moins leur caractère de société privée. Ainsi, soit pour le recouvrement des cotisations, soit pour le jugement des contestations relatives à la répartition et à la perception des taxes, soit pour l'acquisition de terrains ou l'établissement de servitudes, elles restent placées sous le régime du droit commun, et ne disposent d'aucun des moyens d'action que peut conférer l'intervention de l'autorité publique.

En vertu de l'article 8, ces associations peuvent, sur leur demande, être converties en associations autorisées, et acquérir par là le bénéfice des avantages accordés à ces dernières par les articles 15, 16, 17, 18 et 19, dont il sera question plus loin.

Mais sous quelle forme devait se produire cette demande? Devait-elle être formée par les syndics ou par l'assemblée générale, et, dans ce dernier cas, devait-elle réunir l'unanimité des suffrages? La loi a voulu qu'une mesure qui présente le plus souvent des avantages évidents pût se réaliser dans les conditions les plus faciles, et elle a décidé que l'article 12 de la loi, qui détermine la majorité nécessaire pour la constitution d'une association autorisée, serait applicable à la transformation d'une association libre en association autorisée. Cependant, en traçant cette règle, la loi a dû tenir compte des contrats qui pouvaient lier les parties, et elle a réservé l'application des clauses spéciales qu'une association libre aurait pu stipuler, en vue de sa conversion éventuelle en association autorisée. Il convient de remarquer, toutefois, que cette réserve ne peut s'appliquer qu'aux syndicats pour lesquels la loi exige l'assentiment unanime des intéressés, et non à ceux qui peuvent être constitués dans les conditions prévues par le titre III, que je vais examiner.

Le titre III, relatif aux associations syndicales autorisées, règle, par l'article 9, un point important : il détermine ceux des travaux énoncés en l'article 1er qui peuvent, sur la demande d'une majorité déterminée par l'article 12 ci-après, devenir l'objet d'une association autorisée, et décide, par voie de conséquence, que les autres travaux ne peuvent être entrepris qu'avec le consentement unanime des intéressés.

Les travaux soumis à la loi des majorités sont ceux qui font l'objet des nos 1, 2, 3, 4 et 5 de l'article 1er.

En ce qui touche les endiguements et les curages compris sous les nos 1 et 2, la loi du 16 septembre 1807 et celle du 14 floréal an XI consacraient à l'avance le droit des majorités, puisque ces lois donnent à l'autorité publique un droit absolu de coërcition. Mais pour les dessèchements comme pour les ouvrages destinés à l'exploitation des marais salants, ainsi que pour l'assainissement des terres humides et insalubres, la loi pose une règle nouvelle ; car les travaux de ce genre ne pouvaient jusqu'ici être entrepris que par l'unanimité des intéressés. Les motifs de cette disposition sont tirés de la nature même de ces ouvrages. Il est évident, en effet, que le dessèchement des marais, l'assainissement des terres humides et insalubres, le bon entretien des marais salants, présentent un caractère incontestable d'intérêt public, et l'on ne saurait admettre que des entreprises aussi utiles fussent entravées par la résistance ou par l'inertie d'un petit nombre d'intéressés ; aussi est-ce avec raison que la loi a donné à la majorité le droit de vaincre ces obstacles.

Quant aux travaux énoncés aux paragraphes 6, 7 et 8 de l'article 1er, c'est-à-dire l'irrigation et le colmatage, le drainage, les chemins d'exploitation et autres améliorations agricoles, ils ne présentent pas, comme ceux qui figurent aux paragraphes précédents, ce caractère de solidarité absolue qui ne permet pas de détacher de l'opération une portion quelconque des terrains compris dans un périmètre déterminé. Ces travaux peuvent, au contraire, en vertu de la législation spéciale sur l'écoulement des eaux d'irrigation et de drainage, être entrepris sur un certain nombre de parcelles non contiguës. Dès lors, rien ne s'oppose à ce que les propriétaires consentants se réunissent spontanément en association libre, sauf à réclamer ultérieurement, s'ils le jugent convenable, leur conversion en association autorisée.

Cela posé, les articles 10 et 11 règlent les formalités préliminaires à remplir pour arriver à la constitution d'une association autorisée. Ces formalités ne diffèrent pas sensiblement de celles qui ont été pratiquées jusqu'ici. Néanmoins l'article 10 prévoit que la forme de l'enquête sera déterminée par un règlement spécial d'administration publique. Ce règlement est préparé, et, dès qu'il aura été rendu, je m'empresserai de vous en adresser une ampliation.

Quant à la rédaction des avant-projets qui doivent être soumis à l'enquête, il y sera procédé, soit par les soins d'un ou de plusieurs intéressés, que vous autoriserez par un arrêté à poursuivre leurs études sur les terrains appartenant aux tiers, soit par votre propre initiative.

Toute latitude vous est laissée, ainsi qu'aux intéressés, pour le choix des agents auxquels ce travail sera confié. Dans le cas où l'on croirait devoir recourir aux ingénieurs des ponts et chaussées, le concours de ces fonctionnaires serait soumis aux règles spéciales qui ont été arrêtées à cet effet par l'administration et auxquelles il n'est apporté aucune modification.

L'article 11 confie au préfet la mission de nommer le président de l'assemblée générale des propriétaires intéressés et lui accorde la faculté de le choisir en dehors des membres de cette assemblée. Cette disposition vous permet, lorsque des intérêts contraires se trouvent en présence, de désigner comme président une personne désintéressée dans la question, qui, en éclairant les esprits sur l'utilité de l'entreprise projetée, et en dirigeant les délibérations avec une entière impartialité, pourra exercer une heureuse influence sur le résultat de cette réunion préparatoire.

L'article 12, que j'ai eu l'occasion de citer, contient l'une des dispositions les plus importantes de la loi. Il décide que si la majorité des intéressés, représentant au moins les deux tiers de la superficie des terrains ou les deux tiers des intéressés, représentant plus de la moitié de la superficie, ont donné leur adhésion, le préfet peut autoriser l'association. Un extrait de l'acte d'association et l'arrêté du préfet en cas d'autorisation, et, en cas de refus, l'arrêté du préfet, sont affichés dans les communes de la situation des lieux et insérés dans le recueil des actes de la préfecture.

La loi, en consacrant le principe des majorités, a combiné avec le nombre des propriétaires l'importance des intérêts qu'ils représentent, de manière à donner une garantie sérieuse des avantages probables de l'entreprise.

En outre, par l'article 13, elle ouvre un recours contre l'arrêté constitutif de l'association, non seulement aux propriétaires dissidents, mais encore à tous les propriétaires intéressés et même aux tiers qui, ne se trouvant pas compris dans l'association, se croiraient lésés par l'opération projetée.

Enfin, par l'article 14, elle donne aux propriétaires qui n'auront pas adhéré au projet d'association, mais seulement en ce qui concerne les travaux spécifiés aux n°s 3, 4 et 5 de l'article 1er, la faculté de déclarer, dans le délai d'un mois, à partir de l'affiche prescrite par l'article 12, qu'ils entendent délaisser, moyennant indemnité, les terrains leur appartenant et compris dans le périmètre. Cette faculté ne pouvait évidemment s'appliquer aux travaux d'endiguement et de curage auxquels les lois de 1807 et de l'an XI ont attribué un caractère obligatoire.

Tel est l'ensemble des dispositions qui, en posant la loi des majorités, sauvegardent les droits et les intérêts de tous. Ces dispositions n'exigent que de courtes explications.

Le délai d'un mois accordé aux intéressés, soit pour former un recours contre l'arrêté préfectoral qui autorise ou rejette l'association, soit pour déclarer leur intention d'user de la faculté de délaissement, court à partir de la date de l'affiche posée dans les communes de la situation des lieux, conformément à l'article 12 de la loi. Il convient donc que l'affiche soit, autant que possible, apposée le même jour dans toutes les communes, et qu'en tout cas l'accomplissement de cette formalité soit certifié par le maire de chaque commune.

Les recours déposés à la préfecture devront, en vertu de l'art. 13, être transmis, avec le dossier, au ministre, dans le délai de quinzaine. Je vous prie, monsieur le préfet, de vouloir bien faire en sorte que ce délai ne soit pas dépassé, et que le dossier renferme toutes les pièces et tous les renseignements nécessaires pour permettre au conseil d'Etat de statuer à bref délai, sans exiger une instruction supplémentaire.

Dans le cas où il se produirait à la fois un recours contre l'arrêté constitutif de l'association et une déclaration de délaissement, il est évident que cette dernière demande ne pourra recevoir de suite que lorsque l'association aura été définitivement constituée par décret délibéré en conseil d'Etat, et que, dans le cas de rejet, elle sera considérée comme non avenue.

La faculté de délaissement se justifie par de puissantes considérations d'équité, car un propriétaire peut très légitimement refuser de s'associer à une entreprise dont les avantages lui paraissent incertains ou insuffisants. Mais par cela même il est juste que l'indemnité qui lui est due soit réglée et payée avant l'exécution des travaux projetés, et, par conséquent, avant que les terrains délaissés aient acquis, par le fait de ces travaux, une plus-value à laquelle le propriétaire ne saurait avoir droit.

Les terrains ainsi délaissés et payés sur les fonds de l'association deviennent nécessairement une propriété indivise entre tous les intéressés, et doivent être administrés par les soins et pour le compte de l'association. Mais il est désirable que cette situation provisoire se prolonge le moins de temps possible et que la propriété délaissée soit revendue au profit de la société, à charge par l'acquéreur d'adhérer à l'acte d'association.

L'article 15 dispose que les taxes ou cotisations sont recouvrées sur des rôles dressés par les syndics, approuvés, s'il y a lieu, et rendus exécutoires par le préfet, et que le recouvrement est fait comme en matière de contributions directes. Cet article rentre dans les termes de la loi du 14 floréal an XI, qui se trouve ainsi généralisée pour toutes les opérations énoncées à l'article 1er de la loi.

L'article 16 contient une modification importante et réclamée depuis longtemps aux dispositions de la loi du 16 septembre 1807. En vertu de cette loi, toutes les contestations relatives à la fixation du périmètre des terrains intéressés à une opération de dessèchement ou d'endignement, au classement des propriétés en raison de leur intérêt aux travaux, à la répartition des taxes, sont jugées par une commission spéciale, établie pour chaque entreprise, par un décret de l'Empereur ; la loi du 14 floréal an XI, au contraire, décide que les contestations de même nature, relatives au curage des cours d'eau non navigables ni flottables, sont déférées au conseil de préfecture.

L'attribution au conseil de préfecture de toutes les questions de ce genre, à quelque nature de travaux qu'elles s'appliquent, fera cesser une anomalie qui n'est motivée par aucune considération sérieuse, et sera, en définitive, un retour au droit commun.

L'article 17 a pour but de lever les difficultés qu'éprouveraient les associations syndicales à obtenir des prêts des grands établissements financiers, si chaque propriétaire pouvait à toute époque contester sa qualité d'associé ou la validité de l'association. A l'expiration du délai fixé par cet article, l'association peut offrir à ses prêteurs une complète garantie de solvabilité.

L'article 18 détermine les règles à suivre pour l'expropriation des terrains nécessaires à l'exécution de travaux entrepris par une association syndicale autorisée. Cette expropriation ne peut avoir lieu, à moins du consentement formel des propriétaires à exproprier, qu'après déclaration d'utilité publique par décret rendu en conseil d'Etat. En conséquence, lorsqu'il y aura lieu de déclarer l'utilité publique, vous devrez m'adresser, avec le projet des travaux à exécuter, les pièces de l'enquête à laquelle ce projet aura été soumis, en vertu de l'article 10 de la loi, afin que je puisse soumettre le tout à l'examen du conseil d'Etat.

Quant à la fixation de l'indemnité, elle sera faite conformément à l'article 16 de la loi du 21 mai 1836, dont je reproduis ici les termes :

« Lorsque, pour l'exécution du présent article, il y aura lieu de » recourir à l'expropriation, le jury spécial chargé de régler les » indemnités ne sera composé que de quatre jurés. Le tribunal d'ar- » rondissement désignera pour présider et diriger le jury un de ses » membres ou le juge de paix du canton. Ce magistrat aura voix » délibérative en cas de partage. Le tribunal choisira sur la liste » générale (formée aujourd'hui par le conseil général du départe- » ment) quatre personnes pour former le jury spécial et trois jurés » supplémentaires. L'administration et les intéressés auront res- » pectivement le droit d'exercer une récusation péremptoire. Le

» juge recevra les acquiescements des parties. Son procès-verbal » entraînera translation définitive de propriété. »

Ces formes, tout en offrant aux intéressés des garanties complètes, sont plus simples et plus expéditives que celles de la loi du 3 mai 1841.

L'article 19 règle d'une manière générale une question de compétence qui a reçu des solutions différentes, d'une part, dans les lois des 29 avril 1845 et 11 juillet 1847, sur les irrigations, de l'autre, dans les lois du 10 juin 1854 sur le drainage, du 19 juin 1857 sur les landes de Gascogne, et enfin du 28 juillet 1860 sur la mise en valeur des marais communaux. Désormais, pour tous les travaux énoncés à l'article 1er, les contestations relatives à l'établissement de servitudes prévues par les lois, au profit d'associations syndicales, seront jugées suivant les dispositions de l'article 5 de la loi du 10 juin 1854, lequel est ainsi conçu :

« Les contestations auxquelles peuvent donner lieu l'établisse- » ment et l'exercice de la servitude, la fixation du parcours des » eaux, l'exécution des travaux de drainage, ou d'assèchement, les » indemnités et les frais d'entretien, sont portés en premier ressort » devant le juge de paix du canton qui, en prononçant, doit con- » cilier les intérêts de l'opération avec le respect dû à la propriété.

» S'il y a lieu à expertise, il pourra n'être nommé qu'un seul expert. »

Vous voudrez bien remarquer, monsieur le préfet, que les articles 15, 16, 17, 18 et 19, que je viens de passer successivement en revue, comprennent, par le fait, tous les priviléges accordés par la loi aux associations autorisées, les dispositions qui précèdent n'établissant en quelque sorte que des règles de procédure. Ces priviléges sont considérables, puisqu'ils investissent les associations syndicales d'une partie des pouvoirs appartenant à l'autorité publique.

Aussi cette délégation ne peut-elle être faite qu'au profit d'associations qui ont reçu, par un acte administratif, le caractère d'intérêt public, et c'est par ce motif que les associations libres ne peuvent en avoir le bénéfice qu'après avoir demandé et obtenu leur conversion en associations autorisées. Je ne doute pas que les avantages attachés à ce dernier titre n'engagent, dans le plus grand nombre de cas, les associations libres à demander cette transformation, et je vous engage, monsieur le préfet, à encourager, autant qu'il est en vous, une mesure qui doit avoir pour effet d'imprimer aux opérations des syndicats une marche plus rapide et plus régulière.

Le titre IV, qui règle la représentation de la propriété dans les assemblées générales, ainsi que la formation des syndicats, a admis en principe, d'une part, que, l'intérêt dans l'association dérivant de la propriété, la représentation de la propriété dans les assemblées devait être, dans une juste mesure, proportionnelle à cet intérêt ; d'autre part, que le choix des syndics devait appartenir aux intéressés.

En vertu du premier de ces principes, l'article 20 stipule que l'acte constitutif de chaque association fixe le minimun d'intérêt qui donne droit à chaque propriétaire de faire partie de l'assemblée générale, et que les propriétaires de parcelles inférieures au minimum fixé peuvent se réunir pour se faire représenter à l'assemblée générale par un ou plusieurs d'entre eux, en nombre égal au nombre de fois que le minimum d'intérêt se trouve compris dans leurs parcelles réunies.

Si l'on suppose, comme exemple, que le minimum d'intérêt donnant droit à une voix dans l'assemblée générale soit fixé à 1 hectare, les propriétaires possédant chacun moins d'un hectare dans le périmètre de l'association, peuvent se réunir, soit tous ensemble, soit par groupes, et choisir entre eux un nombre de représentants égal au nombre entier d'hectares formant l'étendue totale de leurs propriétés. Ainsi, un groupe d'intéressés possédant ensemble plus de cinq et moins de six hectares, pourra nommer cinq membres de l'assemblée générale.

Le même article 20 décide, en outre, que l'acte d'association doit déterminer le maximum de voix attribué à un même propriétaire. En effet, s'il convient de tenir compte de l'importance relative des intérêts, on ne saurait cependant donner à un même propriétaire une prépondérance exagérée dans les délibérations qui doivent régler les intérêts communs de l'association. C'est ainsi que, dans les sociétés industrielles, le maximum de voix attribué à un même actionnaire est limité par les statuts.

Enfin le même article réserve le droit des usiniers, qui peuvent, dans certains cas, être opposés à ceux des propriétaires fonciers. Tous ces points seront réglés par l'acte d'association.

Les articles 21, 22, 23 et 24 contiennent les dispositions relatives à la fixation du nombre des syndics, à leur répartition, s'il y a lieu, entre diverses catégories d'intéressés, à leur mode d'élection, enfin au choix du directeur, et, s'il y a lieu, d'un directeur adjoint. D'autre part, dans le cas où, sur la demande du syndicat, il est accordé une subvention par l'Etat, par le département ou par une commune, le préfet a le droit de nommer un nombre de syndics proportionné à la part que la subvention représente dans l'entreprise. Cette disposition se justifie d'elle-même; néanmoins, je vous recommande, monsieur le préfet, de l'appliquer avec ménagement et de réserver la plus large part au choix des intéressés. Ainsi, dans le cas où le nombre des syndics serait de neuf, et où les subventions cumulées de l'Etat, du département et des communes s'élèveraient au quart de la dépense, vous auriez à nommer deux syndics seulement et quatre pour une subvention de moitié. Ces syndics devront, d'ailleurs être choisis parmi les personnes qui, à raison de leur connaissance des lieux et de leur aptitude spéciale, seront le mieux à même de représenter les intérêts de la commune, du département et de l'Etat.

Le titre V et dernier de la loi ne renferme que les deux articles 25 et 26.

L'article 25 décide qu'à défaut par une association d'entreprendre les travaux en vue desquels elle aura été autorisée, cette autorisation sera retirée soit par décret rendu en conseil d'Etat, soit par arrêté préfectoral, suivant la forme dans laquelle elle aura été accordée. Il ajoute que si l'interruption ou le défaut d'entretien des travaux entrepris par une association, pouvait avoir des conséquences nuisibles à l'intérêt public, le préfet, après mise en demeure, pourra faire procéder d'office à l'exécution des travaux nécessaires pour obvier à ces conséquences.

La première de ces deux dispositions ne s'applique évidemment qu'aux associations autorisées; la seconde, au contraire, s'applique aux associations libres, comme aux associations autorisées. Il a paru, en effet, que, dans toute circonstance, et quelle que fût l'organisation de la société, le préfet avait le droit et le devoir d'intervenir, par mesure de police, pour faire cesser un état de choses nuisible à l'intérêt public. Cet intérêt, qui est le principe de son intervention, doit aussi en être la limite.

Enfin, l'article 26 maintient formellement, à défaut de formation d'associations libres ou autorisées, l'application des lois du 16 septembre 1807 et du 14 floréal an XI, en ce qui concerne :

1° Les travaux de défense contre la mer, les fleuves, les torrents et les rivières navigables ou non navigables ;

2° Le curage, approfondissement, redressement et régularisation des canaux et cours d'eau non navigables ni flottables, et des canaux de dessèchement et d'irrigation ;

3° Le dessèchement des marais.

La loi nouvelle, en effet, a eu pour but et aura, on peut l'espérer, pour effet d'encourager l'initiative individuelle des propriétaires, de provoquer l'esprit d'association et de faciliter ainsi l'exécution des travaux d'amélioration agricole ; mais elle n'a pas entendu enlever au gouvernement les pouvoirs dont il est investi par la législation actuelle, à l'effet d'assurer, après que l'utilité en a été régulièrement constatée, l'exécution, par les propriétaires intéressés, de travaux qui, à raison de leur nature spéciale, touchent directement à la sécurité ou à la salubrité publique. Tels sont ceux que je viens d'énumérer plus haut, et qui, par ce motif, sont soumis à des règles particulières.

Le gouvernement peut donc prescrire d'office l'exécution de travaux d'endiguement ou de curage, et prononcer la concession d'un dessèchement de marais, en se conformant aux dispositions des lois de 1807 et de l'an XI ; mais l'exercice de ce droit exige toujours, sauf pour les curages opérés conformément aux anciens réglements ou aux usages locaux, l'intervention d'un décret délibéré en conseil d'Etat, et ce n'est qu'en présence d'un intérêt public incontestable que l'administration se déterminera à imposer à des propriétaires l'exécution de travaux dont ils auraient refusé de reconnaître l'utilité.

L'article 26, tout en maintenant l'application des lois de 1807 et de l'an XI, y a néanmoins apporté, par les paragraphes 2 et 4, d'importantes modifications. Ainsi, la compétence du conseil de préfecture est établie pour toutes les contestations qui, d'après la loi du 16 septembre 1807, devaient être jugées par une commission spéciale, c'est-à-dire pour toutes les contestations spécifiées à l'article 16 de la nouvelle loi. De plus, en ce qui concerne la perception des taxes, l'expropriation des terrains et l'établissement des servitudes, il sera procédé conformément aux articles 15, 18 et 19.

Ces dispositions auront pour effet d'établir, pour des cas analogues, l'unité de juridiction, soit que les travaux aient été entrepris par une association autorisée, soit qu'ils aient été prescrits par un acte de l'autorité publique.

Telles sont, monsieur le préfet, les explications que j'ai cru utile de vous adresser, pour faciliter l'application d'une loi qui concourra puissamment, je l'espère, à développer les améliorations agricoles, et qui répondra par là à l'un des premiers besoins du pays.

Recevez, etc.

Le ministre de l'agriculture, du commerce et des travaux publics,

Armand Béhic.

Nîmes, typ. Clavel-Ballivet et Cᵉ, rue Pradier, 12.

www.ingramcontent.com/pod-product-compliance
Ingram Content Group UK Ltd.
Pitfield, Milton Keynes, MK11 3LW, UK
UKHW022136190726
13855UKWH00003B/1164

9 782013 062008